Roh, Jiwa dan
Jasad: Jilid 1

Kisah Misteri Pencarian "Diri" Kita

Roh, Jiwa dan Jasad: Jilid 1

Dr. Jaerock Lee

Roh, Jiwa dan Jasad: Jilid 1 oleh Dr. Jaerock Lee
Diterbitkan oleh Urim Books (Wakil: Johnny. H. Kim)
235-3, Guro-dong 3, Guro-gu, Seoul, Korea
www.urimbooks.com

Semua Hak Cipta Terpelihara. Keseluruhan atau sebahagian buku ini tidak boleh diterbitkan semula dalam apa jua bentuk, disimpan dalam sistem dapatan semula, disebarkan dalam apa jua bentuk atau dengan apa jua cara, biarpun secara elektronik, mekanikal, fotokopi, rakaman atau lain-lain cara, tanpa dahulunya memperolehi kebenaran bertulis daripada penerbit.

Kecuali dinyatakan sebaliknya, semua petikan Kitab diambil dari Alkitab Berita Baik, Edisi Kedua , 2001, Hak Cipta © Bible Society of Malaysia 2001. Digunakan dengan kebenaran.

Hak Cipta Terpelihara © 2012 oleh Dr. Jaerock Lee
ISBN: 979-11-263-1306-8 03230
Hak Cipta Penterjemahan © 2012 oleh Dr. Esther K. Chung. Digunakan dengan kebenaran.

Dahulunya diterbitkan kepada bahasa Korea oleh Urim Books pada tahun 2009.

Pertama Diterbitkan pada Julai 2012

Disunting oleh Dr. Geumsun Vin
Direkabentuk oleh Biro Editorial Urim Books
Untuk maklumat lanjut sila hubungi: urimbook@hotmail.com

Prakata

Lazimnya manusia ingin berjaya dan hidup bahagia dan selesa. Tetapi walaupun mereka mempunyai wang, kuasa dan terkenal, tiada sesiapa pun yang mampu terlepas daripada kematian. Shir Huang-di, Maharaja Pertama China Kuno, mencari-cari eliksir tumbuhan hayat, tetapi dia tidak dapat juga mengelak daripada kematian. Namun demikian, melalui Alkitab, Tuhan telah mengajar kita bagaimana untuk mencapai sebuah kehidupan yang abadi. Kehidupan ini mengalir melalui Yesus Kristus.

Daripada mula saya menerima Yesus Kristus dan mula membaca Alkitab, saya mula berdoa untuk memahami hati Tuhan dengan mendalam. Tuhan memberikan jawapan selepas tujuh tahun berdoa tak terkira dan berpuasa. Selepas saya membuka gereja, Tuhan menjelaskan kepada saya banyak petikan-petikan yang susah difahami dalam Alkitab melalui inspirasi Roh Kudus, yang salah satu adalah kandungan terperinci berkaitan dengan 'Roh, Jiwa, dan Jasad'. Inilah kisah misteri yang membolehkan kita memahami asal usul manusia dan membolehkan kita memahami diri kita sendiri. Ini adalah kisah yang saya tidak pernah mendengar di mana-mana tempat yang lain, dan ianya memberikan saya kebahagiaan yang saya tidak mampu terangkan.

Apabila saya menyampaikan khutbah ini berkaitan roh, jiwa dan jasad, terdapat banyak pengakuan dan maklum balas baik dari dalam dan luar Korea. Ramai berkata mereka menemui diri mereka, memahami mereka itu makhluk jenis bagaimana, dan menerima banyak jawapan kepada petikan-petikan yang rumit di dalam Alkitab selain memahami cara-cara bagaimana untuk mencapai kehidupan yang sebenar. Ada di antara mereka ini yang berkata kini mereka mempunyai matlamat untuk menjadi manusia rohani dan memiliki sebahagian daripada sifat ketuhanan Tuhan dan berusaha untuk mencapainya seperti yang tertulis di dalam 2 Petrus 1:4, yang berbunyi, "Dengan cara itulah Tuhan menganugerahkan kepada kita berkat-berkat yang sangat luar biasa dan berharga yang sudah dijanjikan-Nya. Dengan berkat-berkat itu kalian dapat terlepas dari keinginan-keinginan jahat yang merosak di dunia ini, dan kalian menerima sifat ketuhanan.."

The Art of War yang dikarang oleh Sun Tzu berkata bahawa

jika anda mengenali diri anda dan musuh anda, makan anda tidak akan kalah mana-mana peperangan. Pesanan-pesanan tentang "Roh, Jiwa, dan Jasad" memberikan pemahaman tentang 'diri' kita yang lebih mendalam dan mengajar kita tentang asal usul manusia. Apabila kita telah mempelajari dan memahami pesanan ini dengan mendalam, kita juga akan mampu memahami mana-mana jenis manusia. Kita juga akan mempelajari cara-cara untuk mengalahkan kuasa-kuasa kegelapan, yang telah lama mengganggu kita, supaya kita boleh menjalani sebuah kehidupan Kristian yang berjaya.

Saya berterima kasih kepada Geumsun Vin, pengarah Biro Editorial dan para pekerja yang telah berusaha bersungguh-sungguh untuk menjayakan penerbitan buku ini. Saya berharap anda akan berjaya di dalam semua perkara dan anda akan kekal sihat sambil jiwa anda juga berjaya, dan lebih menyerupai sifat-sifat ketuhanan Tuhan.

Jun 2009.
Jaerock Lee

Memulakan Perjalanan Roh, Jiwa dan Jasad

"Semoga Tuhan damai sejahtera menguduskan kamu seluruhnya; dan semoga roh, jiwa dan tubuhmu terpelihara sempurna, dengan tak bercacat pada kedatangan Yesus Kristus, Tuhan kita"
(1 Tesalonika 5:23).

Para ahli teologi telah lama berdebat tentang elemen-elemen manusia, antara teori dikotomi dan teori trikotomi. Teori Dikotomi berkata bahawa manusia adalah terdiri daripada dua bahagian: iaitu roh dan jasad manakala teori trikotomi berasaskan usul bahawa manusia terdiri daripada tiga bahagian: iaitu roh, jiwa, dan jasad. Buku ini adalah berdasarkan teori trikotomi.

Lazimnya, ilmu pengetahuan boleh dikategorikan kepada ilmu pengetahuan tentang Tuhan dan ilmu pengetahuan tentang manusia. Adalah sangat penting untuk kita memiliki ilmu pengetahuan tentang Tuhan, semasa hayat kita di bumi ini. Kita boleh menjalani kehidupan yang berjaya dan mencapai kehidupan abadi apabila kita memahami hati Tuhan dan mentaati kehendak-Nya.

Manusia diciptakan dalam imej Tuhan, dan tanpa Tuhan, mereka tidak boleh hidup. Tanpa Tuhan manusia tidak boleh memahami asal usul mereka dengan jelas. Kita boleh menemui jawapan kepada soalan tentang asal usul manusia hanya apabila mengenali siapa diri Tuhan.

Roh, jiwa dan badan tergolong dalam suatu bidang yang kita tidak boleh memahami dengan hanya ilmu pengetahuan, kebijaksanaan dan kuasa manusia. Ia adalah bidang yang hanya boleh didedahkan kepada kita oleh Tuhan yang memahami asal usul manusia. Atas sebab yang sama orang yang membina sebuah komputer mempunyai pengetahuan profesional tentang struktur dan prinsip fungsi komputer itu, jadi orang yang bina itulah boleh menyelesaikan apa-apa masalah yang berkaitan dengan fungsi komputer tersebut. Buku ini dipenuhi dengan pengetahuan rohaniah tentang dimensi keempat yang memberikan kita jawapan-jawapan yang jelas kepada soalan-soalan berkaitan roh, jiwa dan jasad.

Perkara-perkara tertentu yang para pembaca dapat mempelajari daripada buku ini adalah seperti berikut:

1. Melalui pemahaman rohaniah tentang roh, jiwa, dan badan yang merupakan komponen-komponen manusia, para pembaca dapat merenung 'diri' sendiri dan memperolehi pemahaman tentang kehidupan ini.

2. Mereka boleh mendapat kesedaran diri tentang siapa sebenarnya diri mereka dan apakah jenis 'diri' mereka memiliki. Buku ini menunjukkan cara para pembaca boleh mendapat kesedaran diri mereka seperti hawari Paulus berkata dalam 1 Korintians 15:31, "tiap-tiap hari aku berhadapan dengan maut" dan untuk menyucikan diri serta menjadi manusia rohaniah seperti mana diinginkan oleh Tuhan.

3. Kita boleh mengelakkan daripada diperangkap oleh musuh Iblis dan Syaitan, dan memperolehi kuasa untuk mengalahkan kejahatan hanya apabila kita memahami diri kita sendiri. Seperti firman Yesus, "Jikalau mereka, kepada siapa firman itu disampaikan, disebut tuhan (sedang Kitab Suci tidak dapat dibatalkan)" (Yohanes 10:35), buku ini menunjukkan jalan pintas untuk para pembaca mengambil bahagian di dalam sifat ketuhanan Tuhan dan menerima segala nikmat yang dijanjikan oleh Tuhan.

Roh, Jiwa dan Jasad: Jilid 1
Isi Kandungan

Prakata

Memulakan Perjalanan Roh, Jiwa dan Jasad

Bahagian 1 Pembentukan Daging

Bab 1	Konsep Daging	2
Bab 2	Penciptaan	12
	1. Pemisahan Misteri Ruangan	
	2. Ruang Fizikal dan Ruang Rohani	
	3. Manusia dengan Roh, Jiwa, dan Jasad	
Bab 3	Manusia di Ruangan Fizikal	36
	1. Benih Kehidupan	
	2. Bagaimana Manusia boleh Wujud	
	3. Hati Nurani	
	4. Kerja-kerja Badaniah	
	5. Penggemburan	

Bahagian 2 Pembentukan Jiwa
(Operasi Jiwa di dalam Ruangan Fizikal)

Bab 1	Pembentukan Jiwa	84
	1. Definisi Jiwa	
	2. Pelbagai Operasi Jiwa dalam Ruang Fizikal	
	3. Kegelapan	
Bab 2	Diri Sendiri	124
Bab 3	Perkara-perkara Badaniah	140
Bab 4	Melampaui Tahap Roh Hidup	158

Bahagian 3 Memulihkan Roh

Bab 1	Roh dan Seisi Roh	172
Bab 2	Rancangan Asal Tuhan	196
Bab 3	Manusia Sebenar	206
Bab 4	Alam Roh	222

 Roh, Jiwa dan Jasad: Jilid 1

Bahagian
1

Pembentukan Daging

Apakah asal usul Manusia?
Dari mana kita datang dan ke mana kita sedang menuju?

Engkau menciptakan setiap bagian badanku;
Dan membentuk aku dalam rahim ibuku.
Aku memuji Engkau,
Sebab aku sangat luar biasa;
Segala perbuatan-Mu ajaib dan mengagumkan;
Dan aku benar-benar menyedarinya.
Tulang-tulangku tidak terlindung bagi-Mu,
Ketika aku dijadikan di tempat yang tersembunyi,
Dan aku direka di bagian-bagian bumi yang paling bawah;
Engkau melihat aku waktu aku masih dalam kandungan;
Semuanya tercatat di dalam buku-Mu
Hari-harinya sudah ditentukan,
Sebelum satu pun mulai.
Zabur 139:13-16

Bab 1
Konsep Daging

Badan manusia yang kembali menjadi debu dengan berlalunya masa; semua makanan yang manusia makan; semua yang manusia melihat, mendengar, dan menikmati; dan segala-galanya yang mereka mencipta – semua ini adalah contoh-contoh dalam konsep 'daging'.

Apakah itu Daging?

Manusia Tidak Bernilai, Tidak Berharga, Jika Kekal dalam Bentuk Daging

Semua Perkara dalam Alam Semesta Mempunyai Dimensi yang Berbeza-beza

Dimensi yang lebih Tinggi Menakluki dan Mengawal Dimensi yang Lebih Rendah

Sepanjang sejarah bumi manusia telah berusaha untuk mencari jawapan kepada persoalan 'Siapa manusia sebenarnya?' Jawapan kepada persoalan itu akan memberikan kita jawapan kepada persoalan lain seperti, "Apakah tujuan kehidupan kita?" dan "Bagaimanakah kita harus menjalani kehidupan kita?" Kajian, penyelidikan, dan andaian-andaian tentang kewujudan manusia telah dilakukan dengan meluas di dalam bidang falsafah dan agama, tetapi tidak mudah untuk menemui jawapan yang jelas dan tepat.

Walau bagaimanapun, manusia tak henti-henti mencari jawapan dan menimbulkan lagi persoalan tambahan seperti "Manusia adalah makhluk jenis apa?" dan "Siapa diri aku?" Persoalan-persoalan seperti ini sering ditanya kerana jawapan-jawapannya mungkin adalah kunci kepada menyelesaikan masalah-masalah asas berkaitan kewujudan manusia. Kajian-kajian duniawi tidak boleh memberikan jawapan yang jelas tetapi Tuhan boleh. Dia menciptakan alam semesta dan segala-gala yang di dalamnya dan menciptakan manusia. Jawapan Tuhan adalah jawapan yang betul. Kita boleh menjumpai petunjuk di dalam Alkitab, yang merupakan Firman Tuhan.

Ahli-ahli teori sering mengkategorikan bahagian-bahagian komposisi manusia kepada dua kategori, iaitu 'roh' dan 'jasad'.

Bahagian yang terdiri daripada aspek-aspek mental dikategorikan sebagai ‚roh' dan bahagian yang terdiri daripada aspek-aspek boleh lihat dan fizikal dipanggil ‚jasad'. Namun, Alkitab mengkategorikan komposisi manusia kepada tiga bahagian: roh, jiwa, dan jasad.

1 Tesalonika 5:23 berbunyi, "Semoga Tuhan damai sejahtera menguduskan kamu seluruhnya dan semoga roh, jiwa dan tubuhmu terpelihara sempurna dengan tak bercacat pada kedatangan Yesus Kristus, Tuhan kita."

Roh dan jiwa bukan perkara yang sama. Bukan sahaja berbeza pada namanya, tetapi kedua-duanya mempunyai inti yang berbeza. Untuk memahami ‚manusia' itu apa sebenarnya, kita harus mempelajari tentang jasad, jiwa, dan roh.

Apakah itu Daging?

Marilah kita melihat definisi kamus untuk perkataan ‚daging'. Kamus Merriam-Webster menakrifkan daging sebagai "bahagian-bahagian lembut badan seekor haiwan terutama sekali daripada kumpulan vertebrata; khususnya: bahagian-bahagian yang terdiri terutamanya daripada otot rangka yang berbeza daripada organ-organ dalaman, tulang, dan lapisan atas." Ianya juga boleh merujuk kepada bahagian-bahagian haiwan yang boleh dimakan. Tetapi untuk memahami apa yang dirujuk sebagai ‚daging' dalam Alkitab kita harus memahami maksud rohaniah dan bukannya definisi kamus.

Alkitab sering menyebut perkataan ‚badan' dan ‚daging'. Dalam kebanyakan kes ia mempunyai maksud rohaniah. Dalam konsep rohaniah, daging adalah istilah am untuk perkara-perkara yang akan musnah, berubah, dan akhir sekali akan hilang dengan berlalunya masa. Ia juga merujuk kepada perkara-perkara yang kotor dan tercemar. Pokok-pokok yang mempunyai daun-daun hijau akan kering dan mati satu hari nanti dan ia mempunyai batang dan ranting yang mungkin menjadi kayu api. Pokok-pokok dan tumbuhan-tumbuhan itu, dan semua benda hidup akan mati, mereput dan hilang lambat laun. Oleh itu, semuanya adalah daging.

Bagaimana pula dengan manusia, raja segala makhluk? Pada hari ini, populasi dunia lebih kuran 7 bilion orang. Walau pada saat ini bayi-bayi sedang dilahirkan di suatu tempat di Bumi, dan di tempat lain ramai yang meninggal dunia. Apabila mereka mati, badan mereka kembali menjadi sebu, dan mereka juga merupakan jasad. Tambahan pula, makanan yang di makan, bahasa-bahasa pertuturan, abjad yang merekodkan pemikiran, dan tamadun sains dan teknologi yang manusia memerlukan juga adalah jasad. Mereka musnah, berubah dan mati dengan peredaran masa. Oleh itu, segala-galanya yang berada di atas muka bumi ini yang kita dapat lihat, dan semua perkara di dalam alam semesta yang kita ketahui adalah ‚daging'.

Manusia, yang datangnya daripada Tuhan, adalah makhluk daging. Apa yang diciptakan mereka juga adalah ‚daging'. Jadi apakah yang dicari dan dikembangkan oleh manusia daging? Mereka hanya mengejar hawa nafsu, nafsu mata, kesombongan dan kebanggaan dunia. Walau tamadun-tamadun yang diperkembangkan adalah semata-mata untuk memuaskan 5 deria manusia. Semuanya adalah untuk mencari keseronokan dan memuaskan hawa nafsu dan keinginan daging mereka. Dengan peredaran waktu, manusia semakin giat mencari perkara yang lebih berahi dan provokatif. Dengan lebih berkembang tamadun, lebih berahi dan tercemar manusia menjadi.

Walaupun terdapat ‚daging' yang boleh dilihat, terdapat juga ‚daging' yang tidak kelihatan. Alkitab berkata bahawa kebencian, bertengkar, iri hati, membunuh, zina, dan semua sifat yang berkaitan dengan dosa adalah daging. Sama seperti haruman bunga-bunga, udara dan angin wujud tetapi tidak kelihatan, terdapat sifat-sifat berdosa yang tidak kelihatan di dalam hati manusia. Semua ini juga disebut ‚daging'. Oleh itu, daging merupakan istilah am untuk semua perkara di dalam alam semesta yang musnah dan berubah dengan peredaran waktu, dan semua ketidakbenaran seperti dosa, kekejian, dan kejahatan.

Roma 8:8 berfirman, "...Mereka yang hidup dalam daging, tidak mungkin berkenan kepada Tuhan." Jika istilah 'daging' di dalam ayat ini hanya merujuk kepada badan fizikal manusia semata-mata, ia bermakna tidak pun ada satu manusia yang akan berjaya menyenangkan Tuhan. Justeru itu ia mesti mempunyai maksud yang lain.

Selain itu, Yesus berfirman di dalam Yohanes 3:6, "Apa yang dilahirkan dari daging, adalah daging, dan apa yang dilahirkan dari Roh, adalah roh.," dan di dalam Yohanes 6:63, "Rohlah yang memberi hidup, daging sama sekali tidak berguna. Perkataan-perkataan yang Kukatakan kepadamu adalah roh dan hidup." 'Daging' di sini juga merujuk kepada benda-benda yang mati dan berubah, dan sebab itulah Yesus berkata ianya tidak akan membawa sebarang keuntungan.

Manusia Tidak Bernilai, Tidak Berharga, Jika Kekal dalam Bentuk Daging

Tidak seperti haiwan, manusia mencari nilai-nilai tertentu berdasarkan kepada emosi dan pemikiran mereka. Walau bagaimanapun semuanya tidak berkekalan, dan oleh itu semuanya dianggap sebagai daging juga. Perkara-perkara yang manusia menganggap sebagai berharga seperti kekayaan, kemasyhuran, dan ilmu adalah perkara-perkara tidak bermakna yang akan musnah tidak lama lagi. Bagaimana dengan perasaan yang digelar ‚cinta'? Apabila dua orang sedang berpacaran, mungkin mereka berkata mereka saling tidak boleh hidup tanpa satu sama lain. Tetapi ramai pasangan berubah fikiran selepas berkahwin. Mereka mudah marah dan tertekan dan juga menjadi ganas hanya kerana mereka tidak suka sesuatu. Semua perubahan perasaan ini juga dianggap daging. Jika manusia kekal dalam sebagai daging, mereka tidak ubah seperti haiwan dan tumbuh-tumbuhan. Dalam pandangan Tuhan, semua benda adalah daging yang akan musnah dan hilang.

1 Petrus 1:24 berfirman, "Semua yang hidup adalah seperti rumput dan segala kemuliaannya seperti bunga rumput. Rumput menjadi kering, dan bunga gugur," dan Yakobus 4:14 berfirman, "sedang kamu tidak tahu apa yang akan terjadi besok. Apakah erti hidupmu? Hidupmu itu sama seperti wap yang sebentar saja kelihatan lalu lenyap."

Badan serta semua pemikiran manusia tidak bermakna oleh kerana ianya menyimpang daripada Firman Tuhan yang merupakan roh. Raja Suleiman menikmati segala kemuliaan dan kemegahan seorang manusia boleh menikmati di bumi ini, tetapi dia menyedari bahawa daging tidak bermakna dan berkata,

"'Kesia-siaan belaka,'...'kesia-siaan belaka! Segala sesuatu adalah sia-si.' Apakah gunanya manusia berusaha dengan jerih payah di bawah matahari?" (Pengkhutbah 1:2-3)

Semua Perkara dalam Alam Semesta Mempunyai Dimensi yang Berbeza-beza

Dimensi di dalam bidang fizik atau matematik ditentukan oleh salah satu di antara tiga koordinat yang menentukan kedudukan di dalam ruang. Satu titik pada garisan mempunyai satu koordinat, dan adalah satu dimensi. Satu titik pada satah mempunyai dua koordinat, dan adalah dua dimensi. Dengan cara yang sama satu titik di dalam suatu ruang mempunyai tiga koordinat, dan adalah tiga dimensi.

Ruangan yang kita mendiami ini adalah tiga dimensi berdasarkan kepada takrif bidang fizik. Dalam bahagian bidang fizik yang lebih mendalam, masa dianggap sebagai dimensi yang keempat. Ini adalah pemahaman tentang dimensi di dalam bidang sains.

Tetapi apabila bercakap tentang roh, jiwa, dan jasad, dimensi secara amnya boleh dibahagikan kepada dimensi fizikal dan dimensi rohaniah. Dimensi fizikal dikategorikan lagi daripada ,tidak berdimensi' kepada ,tiga dimensi'. Pertama sekali, istilah tidak berdimensi merujuk kepada benda-benda yang tidak bernyawa. Batu, tanah, air, dan logam berada di dalam kategori ini. Semua benda hidup tergolong di dalam kategori dimensi-dimensi pertama, kedua atau ketiga.

Dimensi pertama merujuk kepada benda-benda yang

bernyawa dan boleh bernafas tetapi tidak boleh bergerak, maksudnya mereka tidak mempunyai mobiliti berfungsi. Ahli-ahli dalam dimensi ini termasuk bunga-bunga, rumput, pokok-pokok dan tumbuhan-tumbuhan lain. Mereka mempunyai badan tetapi tidak mempunyai roh atau jiwa.

Dimensi kedua adalah benda-benda bernyawa yang boleh bernafas, bergerak, dan mempunyai badan dan jiwa. Contohnya adalah haiwan-haiwan seperti singa, lembu, biri-biri, burung, ikan dan serangga. Anjing dapat cam tuannya atau menyalak apabila orang tidak dikenali mendekati kerana ia mempunyai jiwa.

Dimensi ketiga termasuk benda-benda yang bernafas, bergerak, dan memiliki roh dan jiwa di dalam badan yang boleh dilihat. Ia merujuk kepada manusia yang merupakan penguasa ke atas segala makhluk. Tidak seperti haiwan, manusia mempunyai roh. Mereka boleh berfikir dan mencari Tuhan, dan mereka boleh mempercayai kepada Tuhan.

Terdapat juga dimensi keempat yang tidak kelihatan dengan mata kita. Ini adalah dimensi rohaniah. Tuhan yang merupakan roh, para pelayan syurga dan malaikat, serta cherubim semuanya berada di dalam dimensi rohaniah.

Dimensi yang lebih Tinggi Menakluki dan Mengawal Dimensi yang Lebih Rendah

Makhluk-makhluk dimensi kedua boleh menakluki dan mengawal makhluk-makhluk dimensi pertama atau benda-benda dimensi yang lebih rendah. Makhluk-makhluk dimensi ketiga boleh menakluki dan mengawal makhluk-makhluk dimensi kedua atau dimensi-dimensi yang lebih rendah. Makhluk-makhluk dimensi yang lebih rendah tidak boleh memahami dimensi-dimensi yang lebih tinggi daripada dimensi mereka. Makhluk hidup dimensi pertama tidak boleh memahami dimensi kedua dan makhluk hidup dimensi kedua tidak boleh memahami dimensi ketiga. Sebagai contoh, andai kata seseorang menanam sejenis benih dalam tanah, mengairinya, dan menjaganya. Apabila benih itu bercambah, ia bertumbuh menjadi pokok, dan menghasilkan buah. Benih itu tidak memahami apa orang itu melakukan padanya. Walau cacing pun dipijak oleh manusia dan mati, dan cacing-cacing itu tidak tahu kenapa. Dimensi-dimensi yang lebih tinggi boleh menakluki dan mengawal makhluk dimensi yang lebih rendah, tetapi secara amnya dimensi-dimensi yang lebih rendah tidak mempunyai pilihan selain daripada dikuasai oleh dimensi-dimensi yang lebih tinggi.

Begitu juga, manusia yang merupakan makhluk tiga dimensi tidak memahami alam rohaniah yang berada di dalam dunia empat dimensi. Jadi, manusia daging sebenarnya tidak boleh melakukan apa-apa mengenai penaklukan dan pengawalan oleh roh-roh jahat. Tetapi, jika kita membuang daging dan menjadi manusia rohaniah, kita boleh memasuki dunia empat dimensi. Dengan itu kita boleh menakluki dan mengalahkan roh-roh jahat.

Tuhan yang merupakan roh menghendaki anak-anakNya memahami dunia empat dimensi. Dengan cara ini, mereka boleh memahami kehendak Tuhan, mentaati Dia, dan mendapat kehidupan. Di dalam Kejadian bab 1, sebelum Adam memakan buah pokok pengetahuan baik dan jahat, dia menakluki dan menguasai semua benda. Pada satu ketika Adam merupakan roh hidup dan tergolong dalam dimensi keempat. Tetapi selepas dia berdosa, roh dia mati. Bukan Adam sahaja, malah seluruh leluhur dia sekarang tergolong dalam dimensi ketiga. Marilah kita melihat bagaimana manusia, yang diciptakan oleh Tuhan, jatuh ke dalam dimensi ketiga, dan bagaimana mereka boleh kembali ke dunia empat dimensi.

Bab 2
Penciptaan

Tuhan maha Pencipta menyediakan rancangan yang sangat menakjubkan bagi penggemburan umat manusia. Dia mengasingkan ruangan Tuhan kepada ruangan fizikal dan rohaniah dan Dia menciptakan langit dan bumi dan segala-galanya yang di dalam.

1. Pemisahan Misteri Ruangan

2. Ruang Fizikal dan Ruang Rohani

3. Manusia dengan Roh, Jiwa, dan Jasad

Lama sebelum permulaan zaman, Tuhan wujud bersendirian di dalam alam semesta. Dia wujud sebagai Cahaya dan berkuasa ke atas segala-galanya yang bergerak di dalam ruangan besar keseluruhan alam semesta. Di dalam Yohanes 1:5 direkodkan bahawa Tuhan ialah Cahaya. Ia terutamanya merujuk kepada cahaya rohani, tetapi ia juga merujuk kepada Tuhan yang wujud sebagai cahaya pada mulanya.

Tuhan tidak dilahirkan. Dia ialah makhluk sempurna yang wujud Sendirinya. Oleh itu, kita harus memahami Dia dengan ilmu dan kuasa kita yang terhad. Yohanes 1:1 mengandungi rahsia tentang ‚permulaan'. Ia berfirman, "Pada mulanya adalah Firman." Ini lah penjelasan tentang rupa Tuhan sebagai Firman yang penuh misteri dan bercahaya indah menguasai semua ruangan di dalam alam semesta.

Di sini, ‚permulaan' itu merujuk kepada suatu ketika sebelum wujudnya apa-apa, suatu ketika yang manusia tidak boleh membayangkan. Ini adalah sebelum ‚permulaan' yang disebut di dalam Kejadian 1:1 yang merupakan permulaan kejadian. Justeru, apa jenis-jenis perkara yang berlaku sebelum penciptaan dunia?

1. Pemisahan Misteri Ruangan

Alam roh tidak berada terlalu jauh Terdapat pintu-pintu yang terhubung dengan alam roh di bahagian-bahagian berlainan langit yang kelihatan.

Setelah satu tempoh yang lama berlalu, Tuhan ingin mempunyai seseorang yang Dia boleh berkongsi kasih sayang Dia dan perkara-perkara lain. Tuhan memiliki kedua-dua sifat ketuhanan dan kemanusiaan dan untuk sebab ini Dia ingin berkongsi segala yang dimiliki dengan seseorang dan bukannya menikmatinya secara bersendirian. Oleh sebab itu, Di membuat perancangan untuk penggemburan manusia. Ia merupakan satu rancangan untuk menciptakan manusia, merahmati mereka supaya mereka bertambah ramai, memperolehi sejumlah besar jiwa yang menyerupai Tuhan, dan mengumpulkan mereka di dalam kerajaan syurgawi. Ia sama seperti para petani menggemburkan tumbuh-tumbuhan, mengumpulkannya dan menyimpan hasil tanaman di dalam gudang.

Tuhan mengetahui bahawa perlu adanya ruangan rohani di mana Dia akan tinggal dan ruangan fizikal di mana penggemburan manusia akan berlaku. Dia membahagikan alam semesta yang luas kepada alam roh dan alam fizikal. Mulai saat itu Tuhan mula wujud sebagai Tuhan yang Trinitas iaitu Tuhan Bapa, Tuhan Anak, dan Tuhan Roh Kudus. Ia disebabkan, untuk penggemburan manusia yang akan berlaku pada masa akan datang, Yesus Penyelamat dan Roh Kudus Pembantu akan diperlukan.

Wahyu 22:13 berfirman, "Aku adalah Alfa dan Omega, Yang Pertama dan Yang Terkemudian, Yang Awal dan Yang Akhir."

Ia merupakan rekod Tuhan yang Trinitas. 'Alfa dan Omega' merujuk kepada Tuhan Bapa yang awal dan yang dan akhir untuk semua ilmu dan tamadun umat manusia. 'Yang pertama dan yang terakhir' merujuk kepada Tuhan Anak. Yesus yang merupakan yang pertama dan yang terakhir penggemburan manusia. 'Yang awal dan yang akhir' merujuk kepada Roh Kudus yang merupakan permulaan dan akhir penggemburan umat manusia.

Yesus Anak melakukan tugasan sebagai Penyelamat. Roh Kudus mengaku kepada Penyelamat sebagai Pembantu dan Dia melengkapkan penggemburan manusia. Alkitab menggambarkan Roh Kudus dengan pelbagai cara dengan membandingkan Dia dengan seekor merpati atau api, dan Dia juga dipanggil ‚Roh Anak Tuhan'. Galatia 4:6 berfirman, "Dan karena kamu adalah anak, maka Tuhan telah menyuruh Roh Anak-Nya ke dalam hati kita, yang berseru: ‚ya Abba! ya Bapa!'" Yohanes 15:26 juga berfirman, "Aku akan mengutus kepadamu Penolong yang berasal dari Bapa. Dialah Roh yang akan menyatakan kebenaran tentang Tuhan. Apabila Ia datang, Ia akan memberi kesaksian tentang Aku."

Tuhan Bapa, Anak dan Roh Kudus mengambil bentuk-bentuk tertentu untuk memenuhi kehematan penggemburan manusia, dan mereka membincangkan rancangan-rancangan mereka bersama-sama. Ia tertulis di dalam rekod tentang kejadian di dalam Kejadian dalam bab 1.

Apabila Kejadian 1:26 berfirman, "Berfirmanlah Tuhan: „Baiklah Kita menjadikan manusia menurut gambar dan rupa Kita, supaya mereka berkuasa atas ikan-ikan di laut dan burung-burung di udara dan atas ternak dan atas seluruh bumi dan atas segala binatang melata yang merayap di bumi,'" ini tidak bermakna manusia dijadikan hanya dalam imej luaran Tuhan Bapa, Anak, dan Roh Kudus. Ia bermakna roh, yang merupakan asas manusia, diberikan oleh Tuhan dan roh itu mempunyai rupa yang menyerupai Tuhan yang suci.

Alam Fizikal dan Alam Rohani

Sewaktu Tuhan wujud bersendirian, Dia tidak perlu membezakan di antara alam fizikal dan alam rohani. Tetapi demi penggemburan manusia, harus wujudnya alam fizikal di mana manusia akan tinggal. Untuk sebab ini Dia mengasingkan alam fizikal daripada alam roh.

Pengasingan alam fizikal dengan rohani tidak bermaksud ianya dibahagikan kepada dua ruangan yang benar-benar berbeza seolah-olah kita memotong sesuatu kepada dua bahagian. Sebagai contoh, andai kata terdapat dua jenis gas di dalam sebuah bilik. Kita menambahkan sejenis bahan kimia untuk memberi warna merah kepada salah satu gas, supaya dapat dibezakan daripada gas yang lagi satu. Walaupun terdapat dua jenis gas di dalam bilik itu, mata kita hanya melihat gas yang berwarna merah. Walaupun gas jenis kedua tidak kelihatan, ia tetap berada di situ.

Sama seperti itu, Tuhan telah mengasingkan alam roh yang meluas kepada ruangan fizikal dan boleh dilihat dan ruangan rohaniah yang tidak kelihatan. Sudah tentu, alam fizikal dan alam roh tidak wujud seperti dua jenis gas di dalam contoh yang diberikan tadi. Kedua-duanya seakan-akan berbeza, namun saling bertindih antara satu sama lain. Dan walaupun keduanya saling bertindih, kedua-duanya juga berbeza.

Sebagai bukti bahawa alam fizikal dan alam roh wujud berasingan dengan cara yang penuh misteri, Tuhan telah meletakkan pintu gerbang masuk ke alam roh di tempat-tempat tertentu di dalam alam semesta. Alam roh tidak berada di tempat yang jauh. Terdapat pintu gerbang ke alam roh di banyak tempat di langit yang kelihatan. Sekiranya Tuhan membuka mata rohani kita, dalam keadaan-keadaan tertentu kita dapat melihat alam rohani melalui pintu-pintu gerbang tersebut.

Apabila Stefanus dipenuhi dengan Roh Kudus dan melihat Yesus berdiri di sisi kanan Tuhan, ianya disebabkan kedua-dua mata rohaninya dan pintu gerbang ke alam rohani telah dibuka (Kisah para rasul 7:55-56).
Elia telah diangkat naik ke syurga dalam keadaan dia hidup. Yesus yang telah dibangkitkan semula menaik ke Syurga. Musa dan Elia muncul di Gunung Transfigurasi. Kita boleh memahami bahawa kejadian-kejadian itu benar-benar berlaku sekiranya kita mengaku hakikat bahawa terdapat pintu-pintu gerbang ke alam roh.

Alam semester sangat besar meluas dan isipadunya tidak mungkin dapat dihitung. Kawasan yang boleh dilihat dari bumi (alam semesta yang boleh dilihat) berbentuk sfera dengan radius lebih kurang 46 bilion tahun cahaya. Jika alam roh wujud di penghujung alam semesta fizikal, walau kapal angkasa yang paling laju pun akan mengambil masa selama-lamanya untuk sampai ke alam roh. Anda juga cuba bayangkan jarak jauh yang terpaksa dilalui oleh para malaikat untuk bergerak di antara alam roh dan dunia fizikal? Namun, dengan kewujudan pintu-pintu gerbang ke alam roh yang boleh dibuka dan ditutup, seseorang boleh bergerak melalui alam roh dan dunia fizikal semudah berjalan melalui pintu rumah.

Tuhan Menciptakan Empat Syurga

Selepas Tuhan mengasingkan alam semesta kepada alam roh dan fizikal, Dia mengasingkan syurga lagi kepada lebih banyak peringkat berdasarkan kepada keperluan-Nya. Alkitab menyebut bahawa terdapat bukan sahaja satu syurga tetapi banyak syurga. Ia sebenarnya memberitahu pada kita bahawa terdapat lebih banyak syurga selain daripada yang kita dapat melihat dengan mata fizikal.

Ulangan 10:14 berfirman, "Sesungguhnya, TUHAN, Tuhanmulah yang empunya langit, bahkan langit yang mengatasi segala langit, dan bumi dengan segala isinya" dan Psalm 68:33 berfirman, "bagi Dia yang berkenderaan melintasi langit purbakala. Perhatikanlah, Ia memperdengarkan suara-Nya, suara-Nya yang dahsyat!." Dan Raja Solomon berkata di dalam 1 Raja Raja 8:27, "Tetapi, ya Tuhan, sungguhkah Engkau sudi tinggal di bumi ini? Sesungguhnya langit, bahkan langit yang mengatasi segala langit pun tidak dapat memuat Engkau, terlebih lagi rumah yang kudirikan ini!"

Tuhan menggunakan ungkapan ‚syurga' untuk menggambarkan alam roh, supaya kita lebih muda memahami ruangan yang berada di dalam alam roh. ‚Syurga-syurga' itu dikategorikan kepada empat. Keseluruhan ruangan fizikal yang termasuk Bumi, Sistem Suria, Galaksi kita, dan keseluruhan alam semesta dinamakan syurga pertama.

Bermula dari syurga kedua dan selebihnya merupakakn ruangan rohaniah. Taman Syurgawi dan ruangan untuk roh-

roh jahat terletak di syurga kedua. Selepas Tuhan menciptakan manusia, Dia juga menciptakan Taman Syurgawi, did alam kawasan cahaya syurga kedua. Tuhan memasukkan manusia ke dalam Taman Syurgawi dan membiarkan dia menakluki dan berkuasa ke atas semua isi kandungannya. (Kejadian 2:15).

Takhta Tuhan terletak di syurga ketiga. Ia adalah kerajaan syurgawi di mana anak-anak Tuhan yang telah menerima penyelamatan melalui penggemburan manusia akan tinggal.

Syurga keempat ialah syurga di mana Tuhan dahulunya tinggal bersendirian sebagai Cahaya sebelum Dia mengasingkan ruangan. Ini adalah ruangan misteri di mana segala-galanya terlaksana sesuai dengan apa sahaja yang di dalam hati Tuhan. Ianya juga merupakan ruangan yang melangkaui semua had-had masa dan ruang.

2. Ruang Fizikal dan Ruang Rohani

Apakah sebab begitu ramai cendekiawan Alkitab telah berusaha menemui Taman Syurgawi tetapi terus gagal? Ini adalah kerana Taman Syurgawi terletak di syurga kedua, yang berada di dalam alam roh.

Ruangan yang Tuhan telah mengasingkan boleh dibahagikan kepada ruangan fizikal dan ruangan rohani. Untuk anak-anak yang dia akan memperolehi untuk anak-anak Dia hasil daripada penggemburan manusia, Tuhan menciptakan kerajaan syurgawi di dalam ketiga, dan menetapkan Bumi di dalam syurga pertama sebagai tempat penggemburan manusia.

Kejadian bab 1 dengan ringkas merekodkan proses penciptaan enam-hari Tuhan. Tuhan tidak menciptakan

Bumi yang lengkap dan sempurna pada permulaan. Dia mula meletakkan asas untuk tanah dan kemudian langit melalui pergerakan kerak dan banyak fenomena meteorologi. Tuhan berusaha keras untuk jangka masa yang panjang, sehingga kadang-kala turun ke Bumi untuk melihat perkembangan pembentukan itu dengan sendiriNya, kerana Bumi merupakan tempat di mana Dia akan memperolehi anak-anak Dia yang tersayang, anak-anak yang sebenar.

Janin membesar dengan selamat di dalam cecair amnion dalam rahim. Begitu juga, selepas Bumi telah dibentukkan dan asas ditetapkan, seluruh Bumi dilindungi oleh sejumlah besar air, dan air ini adalah air kehidupan yang berasal dari langit ketiga. Bumi akhirnya tersedia sebagai tapak untuk semua makhluk tinggal hasil daripada dilitupinya dengan air kehidupan. Kemudian, Tuhan memulakan penciptaan.

Ruangan Fizikal, Tapak untuk Penggemburan Manusia

Apabila Tuhan berfirman, „Jadi lah terang" pada hari pertama penciptaan, terdapat cahaya rohani yang keluar daripada takhta Tuhan dan melitupi Bumi. Dengan cahaya ini, kuasa abadi Tuhan dan sifat ketuhanan tertanam di dalam semua perkara dan semua benda dikawal oleh hukum-hukum alam semulajadi (Roma 1:20).

Tuhan mengasingkan keterangan daripada kegelapan dan memanggil keterangan itu ‚siang', dan kegelapan itu dipanggil Dia ‚malam'. Tuhan menetapkan hukum bahawa akan wujud siang dan malam dan pergerakan masa walau sebelum dia menciptakan matahari dan bulan.

Pada hari kedua, Tuhan menciptakan langit dan membiarkan ia memisahkan air yang melitupi Bumi kepada air yang di bawah dan air di atas langit itu. Tuhan memanggil langit itu syurga, iaitu langit yang kelihatan kepada kita. Jadi, alam yang boleh menyokong makhluk hidup telah diciptakan. Udara diciptakan supaya benda-benda hidup dapat bernafas; awan dan langit diciptakan di mana fenomena-fenomena meteorologi dapat berlaku.

Air di bawah langit adalah air yang tertinggal di atas permukaan Bumi. Ia adalah sumber air yang akan membentuk lautan, tasik, dan sungai (Kejadian 1:9-10).

Air di atas langit dikhaskan untuk Taman Syurgawi di syurga kedua. Pada hari ketiga, Tuhan mengumpulkan air di bawah langit di satu tempat untuk memisahkan lautan daripada daratan. Dia juga menciptakan rumput dan tumbuh-tumbuhan.

Pada hari keempat Tuhan menciptakan matahari, bulan, dan bintang-bintang, dan membiarkan semua itu mengawal siang dan malam. Pada hari kelima Dia menciptakan ikan dan burung. Akhir sekali, pada hari keenam Tuhan menciptakan semua haiwan dan manusia.

Alam Roh yang Tidak Kelihatan

Taman Syurgawi terletak di dalam alam roh syurga syurga kedua, tetapi sangat berbeza dengan alam rohani di syurga ketiga. Ia bukan alam rohani sepenuhnya oleh kerana saling bertindih dengan alam fizikal. Secara ringkasnya, ia adalah seperti perantara di antara daging dan roh. Selepas Tuhan menciptakan manusia sebagai roh hidup, Dia menanam Taman ke arah timur, di Eden, dan membawa manusia ke dalam Taman tersebut (Kejadian 2:8).

Di sini, ‚timur' bukan merujuk kepada timur fizikal. Ianya mempunyai maksud khas ‚sebuah tempat yang dikelilingi cahaya'. Sehingga ke hari ini, ramai cendekiawan Alkitab berpendapat bahawa Taman syurgawi terletat di sebuah tempat di sekitar sungai Euphrates dan Tigris, dan walaupun pelbagai kajian mendalam dan pencarian arkeologi telah dijalankan, mereka masih gagal menemui sebaran peninggalan Taman itu. Ini disebabkan tempat di mana dahulunya pernah tinggal ‚roh hidup' Adam, adalah di syurga kedua, yang merupakan dalam rohaniah.

Taman Syurgawi ialah ruangan yang sangat meluas yang menjangkaui imaginasi kita. Anak-anak yang dikurniakan kepada Adam sebelum dia melakukan dosa masih tinggal di situ, dan terus-menerus menghasilkan zuriat. Taman Syurgawi tidak mempunyai had-had ruang dan oleh itu tidak akan sesak walaupun dengan berlalunya waktu.

Tetapi di dalam Kejadian 3:24, kita boleh membaca bahawa Tuhan telah menempatkan cherubim dan pedang berapi yang memusing ke setiap arah di sebelah timur Taman Syurgawi.

Ini adalah kerana sebelah timur Taman itu bersebelahan dengan kawasan kegelapan. Roh-roh jahat telah lama ingin memasuki Taman itu atas beberapa sebab. Pertama, mereka ingin menggoda Adam dan kedua mereka ingin memakan buah daripada pokok kehidupan. Mereka ingin memiliki kehidupan abadi dengan memakan buah itu dan menentang Tuhan selama-lamanya. Adam bertanggungjawab melindungi Taman Syurgawi daripada diceroboh olehkuasa-kuasa kegelapan. Tetapi. oleh kerana Adam telah ditipu oleh Syaitan sehingga memakan buah daripada pokok pengetahuan baik dan jahat, dan telah dihalau keluar ke bumi ini, cherubim dan pedang berapi telah mengambil alih tugas tersebut.

Kita boleh membuat kesimpulan bahawa kawasan bercahaya di Taman Syurgawi dan kawasan kegelapan untuk roh-roh jahat saling wujud bersama di syurga kedua. Tambahan pula, di kawasan bercahaya di syurga kedua, terdapat tempat di mana mereka yang beriman akan menghadiri Jamuan Perkahwinan Tujuh-Tahun bersama-sama dengan Yesus selepas Kedatangan Kedua Dia. Ia jauh lebih cantik berbanding dengan Taman Syurgawi. Semua yang telah diselamatkan semenjak penciptaan dunia akan mengambil bahagian, dan anda boleh membayangkan betapa besarnya kawasan itu.

Terdapat juga syurga ketiga dan keempat di alam roh, dan lebih banyak maklumat terperinci akan diterangkan di dalam Bahagian Kedua Roh, Jiwa, dan Jasad. Sebab utama Tuhan membahagikan ruangan fizikal dengan ruangan rohaniah dan mengkategorikannya kepada ruangan berbeza-beza, adalah semata-mata kerana kita manusia. Ia telah dilakukan dengan kehematan penggemburan manusia untuk memperolehi anak-anak yang sebenar. Jadi, apakah komposisi manusia?

3. Manusia dengan Roh, Jiwa, dan Jasad

Sejarah manusia yang direkodkan di dalam Alkitab bermula pada waktu Adam dihalau keluar ke bumi ini akibat dia berdosa. Sejarah ini tidak termasuk tempoh di mana Adam tinggal di dalam Taman syurgawi.

1) Adam, Roh yang Hidup

Untuk memahami manusia pertama, Adam, adalah permulaan kepada memahami asas-asas kemanusiaan. Tuhan telah menciptakan Adam sebagai roh hidup untuk penggemburan manusia. Kejadian 2:7 menerangkan bagaimana Adam diciptakan: "ketika itulah TUHAN membentuk manusia itu dari debu tanah dan menghembuskan nafas hidup ke dalam hidungnya; demikianlah manusia itu menjadi makhluk yang hidup."

Bahan yang Tuhan menggunakan untuk menciptakan Adam ialah debu daripada tanah. Ini kerana manusia akan melalui penggemburan di atas bumi (Kejadian 3:23).

Ia juga disebabkan tanah, yang merupakan debu daripada bumi, akan berubah sifatnya berdasarkan kepada elemen-elemen yang ditambah kepadanya.

Tuhan bukan hanya menjadikan bentuk manusia daripada debu tanah tetapi juga organ-organ dalaman, tulang, saluran darah dan urat. Seorang tukang tembikar yang mahir boleh menghasilkan barangan tembikar yang cantik dengan segenggam tanah liat halus. Kerana Tuhan membentuk manusia dalam imej sendiri, betapa cantik manusia akan menjadi!

Adam diciptakan dengan kulit putih gebu. Dia berbadan tegap dan sempurna daripada hujung rambut ke hujung jari kaki, termasuk semua organ dan sel di dalam badannya. Dia sangat cantik. Apabila Tuhan meniup nafas kehidupan ke dalam Adam, dia menjadi makhluk hidup, iaitu roh hidup. Proses itu serupa dengan sebiji lampu mentol yang dikilang dengan baik namun tidak mampu bernyala dengan sendirinya. Ia hanya boleh bernyala dan bercahaya hanya apabila elektrik disalurkan.

Jantung Adam mula berdegup, darahnya mengalir, dan semua organ-organ dan sel berfungsi hanya setelah dia menerima nafas kehidupan daripada Tuhan. Otak dia mula berfungsi, mata dia melihat, telinga dia mendengar, dan badan dia mula bergerak sesuai keinginan dia hanya selepas dia menerima nafas kehidupan.

Nafas kehidupan ialah kristal kuasa Tuhan. Ia juga boleh dipanggil tenaga Tuhan. Secara ringkasnya, ia merupakan sumber kuasa untuk meneruskan kehidupan. Selepas Tuhan menghembus nafas kehidupan ke dalam Adam, Adam memiliki sebentuk roh yang kelihatan benar-benar sama menyerupai bentuk badan dia. Sama seperti Adam mempunyai bentuk untuk jasad fizikal dia, roh dia juga mempunyai bentuk yang kelihatan benar-benar sama dengan jasad dia. Lebih banyak maklumat terperinci akan diterangkan di dalam bahagian kedua buku ini.

Jasad Adam, yang telah menjadi roh hidup, terdiri daripada badan yang tidak boleh musnah diperbuat daripada daging dan tulang. Jasad itu merupakan acuan roh yang berkomunikasi dengan Tuhan dan jiwa yang akan membantu roh itu. Jiwa dan jasad mentaati roh, dan dengan cara ini dia mentaati Firman Tuhan dan berkomunikasi dengan Tuhan yang merupakan roh.

Tetapi apabila Adam mula-mula diciptakan, dia mempunyai badan seorang lelaki dewasa, namun tidak memiliki sebarang ilmu pengetahuan. Sama seperti seseorang bayi boleh mempunyai ciri-ciri yang baik dan memainkan bahagian yang produktif di dalam masyarakat melalui pendidikan, dia juga perlu memiliki pengetahuan yang sesuai dalam diri dia. Jadi, setelah Dia telah memasukkan Adam ke dalam Taman syurgawi, Tuhan mengajar

Adam ilmu pengetahuan kebenaran dan pengetahuan rohani. Tuhan mengajar dia keharmonian semua perkara di dalam alam semesta, hukum-hukum alam roh, Firman kebenaran, dan ilmu pengetahuan Tuhan yang tidak terhad. Sebab itulah Adam boleh menakluki bumi dan berkuasa ke atas segala-galanya.

Hidup untuk Jangka Masa yang Tidak Terkira

Adam, roh hidup yang berkuasa ke atas Taman syurgawi dan bumi sebagai raja semua makhluk, dengan memiliki pengetahuan dan kebijaksanaan roh. Tuhan berasa bahawa tidak baik dia tinggal berseorangan, dan menciptakan manusia, Hawa, daripada salah satu tulang rusuk dia. Tuhan menjadikan dia sebagai pembantu yang sesuai kepada dia dan membenarkan mereka bersatu menjadi pasangan. Kini, persoalannya adalah, berapa lama mereka tinggal di Taman Syurgawi?

Alkitab tidak memberikan jawapan yang khusus, namun mereka tinggal di situ untuk tempoh yang sangat lama dan sukar dibayangkan. Tetapi kita mendapati bahawa Kejadian 3:16 berfirman seperti berikut, "Lalu kata [Tuhan] kepada perempuan itu, „Aku akan menambah kesakitanmu selagi engkau hamil dan pada waktu engkau melahirkan. Tetapi meskipun demikian, engkau masih tetap berahi kepada suamimu, namun engkau akan tunduk kepadanya.'"

Hasil daripada dosa yang telah dilakukan oleh Hawa, dia disumpah dengan kesakitan sewaktu melahirkan anak. Dalam erti kata lain, sebelum dia telah disumpah, dia telah melahirkan anak-anak di dalam Taman Syurgawi, tetapi dia mengalami sedikit kesakitan sewaktu melahirkan anak. Adam dan Hawa merupakan roh-roh hidup yang tidak akan berusia. Jadi, mereka hidup untuk tempoh yang sangat lama dan menambahkan bilangan zuriat mereka.

Ramai orang berfikir bahawa Adam memakan buah daripada pokok pengetahuan baik dan jahat sebaik sahaja dia diciptakan. Ada juga yang bertanyakan soalan seperti berikut: "Oleh kerana sejarah manusia yang tercatat di dalam Alkitab hanya lebih kurang 6,000 tahun, jadi kenapa kita boleh menemui fosil yang berusia beratus ribu tahun?"

Sejarah manusia yang tercatat di dalam Alkitab bermula pada saat Adam dihalau keluar ke bumi setelah dia melakukan dosa. Ianya tidak merekodkan sejarah sewaktu Adam tinggal di dalam Taman Syurgawi. Sewaktu Adam masih tinggal di dalam Taman Syurgawi, Bumi sedang mengalami pelbagai perkara seperti pergerakan kerak bumi dan perubahan-perubahan geografi yang berkaitan serta pertumbuhan dan kepupusan pelbagai jenis makhluk hidup. Ada di antaranya yang menjadi fosil. Atas sebab ini kita dapat menemui fosil-fosil yang berusia berjuta-juta tahun.

2) Adam Melakukan Dosa

Apabila Tuhan memimpin Adam ke dalam Taman Syurgawi, Dia melarang suatu perkara. Dia melarang Adam memakan buah pokok pengetahuan baik dan jahat. Tetapi selepas masa yang lama berlalu, Adam dan Hawa akhirnya memakan dari pokok itu. Mereka dihalau keluar dari Taman syurgawi ke Bumi, dan pada saat itulah bermula penggemburan manusia.

Bagaimana Adam boleh melakukan dosa? Terdapat suatu makhluk yang menghendaki kuasa yang telah diberikan kepada Adam oleh Tuhan. Makhluk itu ialah Lucifer, ketua semua roh-

roh jahat. Lucifer menyangka dia terpaksa mendapatkan kuasa dari Adam untuk berdiri menentang Tuhan dan memenangi pertarungan itu. Dia membuat rancangan terperinci dan menggunakan ular, yang sangat licik.

Seperti tertulis di dalam Kejadian 3:1, "Ular adalah binatang yang paling licik dari segala binatang yang dibuat oleh TUHAN," ular itu dijadikan daripada lumpur yang mempunyai sifat-sifat licik padanya.

Kemungkinan untuk ular menerima kejahatan menggoda lebih tinggi berbanding haiwan-haiwan lain kerana sifat tersebut. Sifat-sifat itu didorong oleh roh-roh jahat dan ular itu menjadi alat mereka untuk menggoda manusia.

Roh-roh Jahat Sentiasa Menggoda Manusia

Adam pada waktu itu mempunyai begitu besar autoriti sehingga dia berkuasa ke atas Taman Syurgawi dan Bumi, jadi tidak mudah untuk ular itu menggoda Adam secara langsung. Sebab itulah ia memilih untuk menggoda Hawa terlebih dahulu. Ular itu bertanyakan kepada dia dengan licik, "Tentulah Tuhan berfirman: Semua pohon dalam taman ini jangan kamu makan buahnya, bukan'?" (ayat. 1) Tuhan tidak pernah melarang Hawa. Perintah larangan tersebut diberikan kepada Adam. Tetapi, ular itu bertanyakan jikalau perintah itu telah diberikan terus kepada Hawa. Jawapan Hawa telah dicatatkan seperti berikut, "Lalu sahut perempuan itu kepada ular itu: „Buah pohon-pohon dalam taman ini boleh kami makan, tetapi tentang buah pohon yang ada di tengah-tengah taman, Tuhan berfirman: Jangan kamu makan ataupun raba buah itu, nanti kamu mati'"(Kejadian 3:2-3).

Tuhan berfirman, "...sebab pada hari engkau memakannya,

pastilah engkau mati" (Kejadian 2:17). Tetapi Hawa berkata, "atau engkau akan mati." Anda mungkin berfikir terdapat sedikit perbezaan, tetapi ini membuktikan bahawa dia tidak benar-benar memahami Firman Tuhan dalam hatinya. Ia juga menunjukkan bahawa dia tidak benar-benar mempercayai Firman Tuhan itu. Apabila ular itu menyedari bahawa Hawa telah mengubah Firman Tuhan, ia mula menggoda dia dengan lebih agresif.

Kejadian 3:4-5 berfirman, "Tetapi ular itu berkata kepada perempuan itu: „Sekali-kali kamu tidak akan mati! tetapi Tuhan mengetahui, bahawa pada waktu kamu memakannya matamu akan terbuka, dan kamu akan menjadi seperti Tuhan, tahu tentang yang baik dan yang jahat.

Didorong oleh Syaitan, ular itu terus menghasut Hawa, pokok pengetahuan baik dan jahat itu kelihatan berbeza kepada dia kerana tertulis, "...bahwa pohon itu indah, dan buahnya nampaknya enak untuk dimakan. Dan ia berfikir alangkah baiknya jika dia menjadi arif" (ayat. 6).

Hawa tidak mempunyai niat untuk melanggar Firman Tuhan, tetapi apabila godaan itu bertapak di dalam hati, akhirnya dia memakan buah daripada pokok itu. Dia memberi buah itu kepada suaminya Adam, dan dia memakannya juga.

Alasan-alasan oleh Adam dan Hawa

Di dalam Kejadian 3:11, Tuhan bertanya kepada Adam, "Adakah anda memakan daripada pokok yang Aku telah melarang anda makan?"

Tuhan mengetahui semua keadaan, tetapi Dia menghendaki Adam mengaku kesalahan dia dan bertaubat. Tetapi Adam menjawab, "Perempuan yang Kau tempatkan di sisiku, dialah yang memberi dari buah pohon itu kepadaku, maka ku makan."

(ayat. 12) Jawapan Adam memberikan implikasi bahawa sekiranya Tuhan tidak menciptakan perempuan itu untuk dia, maka dia tidak mungkin melanggar perintah Tuhan tersebut. Dia hanya ingin terlepas daripada akibat situasi itu dan bukannya mengakui salah laku dia. Memang Hawa lah yang memberikan buah itu kepada Adam untuk makan. Tetapi, Adam adalah ketua kepada perempuan itu jadi dia sepatutnya bertanggungjawab untuk apa yang telah berlaku.

Sekarang, Tuhan bertanyakan kepada perempuan itu di dalam Kejadian 3:13, "Apakah yang telah kau perbuat ini?" Walau Adam bertanggungjawab, Hawa tidak boleh dikecualikan daripada dosa yang dia telah melakukan. Tetapi dia juga menyalahkan ular itu dengan berkata, "Ular itu yang memperdayakan aku, maka aku makan." Jadi apakah yang berlaku kepada Adam dan Hawa yang telah melakukan dosa?

Roh Adam Mati

Kejadian 2:17 berfirman, "...tetapi pohon pengetahuan tentang yang baik dan yang jahat itu, janganlah kaum akan buahnya, sebab pada hari engkau memakannya, pastilah engkau mati."

Di sini, ‚mati' yang disebutkan itu bukanlah bukan kematian fizikal, tetapi kematian rohani. Apabila roh seseorang mati, ini tidak bermakna roh itu akan hilang semacam sepenuhnya. Ia bermaksud komunikasi dengan Tuhan telah terputus dan tidak berfungsi lagi. Roh itu masih wujud, tetapi tidak lagi boleh dibekalkan dengan perkara-perkara rohaniah daripada Tuhan. Keadaan ini tidak ubah-ubah seperti kematian fizikal.

Oleh kerana roh Adam dan Hawa telah mati, Tuhan tidak

boleh membiarkan mereka terus tinggal di dalam Taman syurgawi, yang merupakan alam rohaniah. Kejadian 3:22-23 berfirman, "Berfirmanlah TUHAN: ‚Sesungguhnya manusia itu telah menjadi seperti salah satu dari Kita, tahu tentang yang baik dan yang jahat; maka sekarang jangan sampai ia menghulurkan tangannya dan mengambil pula dari buah pohon kehidupan itu dan memakannya, sehingga ia hidup untuk selama-lamanya.'— Lalu TUHAN mengusir dia dari Taman Eden supaya ia mengusahakan tanah dari mana ia diambil."

Tuhan berfirman, „manusia itu telah menjadi seperti salah satu dari Kita" tidak bermaksud Adam telah menjadi benar-benar seperti Tuhan. Ia bermaksud Adam dahulunya hanya mengetahui kebenaran, tetapi sebagaimana Tuhan mengetahui hal-hal kebenaran dan ketidakbenaran, Adam juga mula mengetahui ketidakbenaran. Hasil daripada itu, Adam yang dahulunya wujud sebagai roh hidup, kini telah kembali menjadi daging. Dia terpaksa menghadapi kematian. Dia terpaksa pulang ke bumi ini di mana dia telah diciptakan oleh Tuhan. Seseorang manusia daging tidak boleh hidup di ruangan rohaniah. Tambahan pula, sekiranya Adam memakan daripada pokok kehidupan dia akan hidup selama-lamanya. Oleh itu Tuhan tidak lagi boleh membiarkan dia terus tinggal di dalam Taman syurgawi.

3) Kepulangan ke Ruangan Fizikal

Setelah Adam mengingkari Tuhan dan memakan daripada pokok pengetahuan baik dan jahat, segala-galanya berubah. Dia telah dihalau ke Bumi, iaitu ruangan fizikal, dan dia boleh mendapat hasil tuaian hanya menerusi kesusahan yang menyakitkan dan titik peluh dia. Segala-galanya juga telah disumpah, dan alam yang baik seperti pada waktu kejadian tidak lagi wujud.

Kejadian 3:17 berfirman, "Lalu kepada Adam [Tuhan] berfirman, 'Karena engkau mendengarkan perkataan isterimu dan memakan dari buah pohon, yang telah Ku perintahkan kepadamu: Jangan makan dari padanya, maka terkutuklah tanah karena engkau; dengan bersusah payah engkau akan mencari rezekimu dari tanah seumur hidupmu'"

Daripada ayat ini, kita dapat lihat bahawa disebabkan dosa Adam, bukan hanya Adam tetapi segala-galanya di bumi khususnya keseluruhan syurga pertama disumpah sebegitu. Semua benda di atas Bumi dahulunya berharmoni indah tetapi hukum fizikal baru telah dilaksanakan. Disebabkan sumpahan itu, kuman dan virus mula wujud, dan haiwan dan tumbuh-tumbuhan juga mula berubah.

Dalam Kejadian 3:18 Tuhan terus berkata kepada Adam, "Semak duri dan rumput duri yang akan dihasilkannya bagimu." Tumbuh-tumbuhan tidak dapat bertumbuh dengan baik disebabkan rumput duri dan duri, jadi Adam hanya boleh memakan hasil tuaian hanya dengan bersusah payah penuh kesakitan. Disebabkan tanah telah dilaknat, pokok-pokok dan tumbuhan yang tidak diperlukan mula wujud. Serangga-serangga merbahaya juga mula wujud. Dia sekarang perlu mengeluarkan benda-benda merbahaya itu supaya dapat mengusahakan tanah itu sehingga sesuai untuk bercucuk tanam.

Keperluan untuk Memupuk Hati

Sepertimana Adam terpaksa memupuk tanah, keadaan yang serupa kini wujud untuk manusia yang terpaksa melalui penggemburan di bumi. Sebelum manusia melakukan dosa, dia mempunyai hati suci tidak tercemar dan hanya pengetahuan rohani. Kejadian 3:23 berfirman, "...Lalu TUHAN mengusir dia dari taman Eden supaya ia mengusahakan tanah dari mana ia diambil." Ayat ini mengibaratkan Adam, yang telah dicipta daripada debu tanah, kepada tanah di mana dia telah diambil. Ini bermakna dia kini harus memupuk hati dia.

Sebelum dia melakukan dosa, dia tidak perlu memupuk hati dia, kerana tidak wujud sebarang kejahatan di dalam hati dia.

Tetapi selepas dia mengingkari Tuhan, musuh syaitan dan iblis mula mengawal manusia. Mereka menanam lebih banyak sifat-sifat daging di dalam hati manusia. Mereka menanam sifat benci, marah, sombong, zina, dan lain-lain. Semuanya mula berkembang bersama-sama rumput duri dan duri di dalam hati. Manusia bertambah tercemar dengan sifat-sifat daging.

Untuk 'mengusahakan tanah dari mana kita diambil' bermakna kita harus menerima Yesus Kristus; kita harus menggunakan Firman Tuhan untuk menghapuskan sifat-sifat daging yang telah ditanam di dalam hati kita; dan kita mesti memulihkan sifat-sifat rohani asal. Jika tidak, maknanya kita memiliki ‚roh mati' dan dengan itu tidak boleh dan tidak akan menikmati kehidupan abadi dengan roh mati. Sebab utama manusia manusia melalui penggemburan di bumi ini adalah supaya kita memupuk hati bersifat daging kita untuk memulih hati suci, hati rohani. Hati jenis ini sama dengan hati Adam sebelumdia melakukan dosa.

Keadaan Adam dihalau keluar daripada Taman Syurgawi dan hidup di bumi merupakan satu perubahan yang dramatik. Lebih menyakitkan dan mengelirukan berbanding apa yang dirasai oleh putera sebuah negara agung sekiranya beliau tiba-tiba menjadi rakyat jelata. Hawa juga kini terpaksa mengalami kesakitan yang lebih besar sewaktu melahirkan anak.

Sewaktu mereka hidup di dalam Taman Syurgawi, kematian tidak wujud. Tetapi kini mereka terpaksa menghadapi kematian di dunia fizikal yang akan binasa dan reput. Kejadian 3:19 berfirman, "Dengan berpeluh engkau akan mencari makananmu, sampai engkau kembali lagi menjadi tanah, karena dari situlah engkau diambil; sebab engkau debu dan engkau akan kembali menjadi debu." Seperti tertulis, mereka terpaksa mati selepas itu.

Semestinya, roh Adam datang daripada Tuhan, dan tidak mungkin akan pupus sepenuhnya. Kejadian 2:7 berfirman, "Lalu TUHAN membentuk manusia itu dari debu tanah dan menghembuskan nafas hidup ke dalam hidungnya; demikianlah manusia itu menjadi makhluk yang hidup." Nafas kehidupan mempunyai sifat abadi Tuhan.

Tetapi roh Adam tidak lagi aktif. Jadi, jiwa telah mengambil alih fungsi sebagai tuan manusia dan turut memperolehi kawalan ke atas badan. Mulai saat itu, Adam harus berumur dan akhirnya mati berdasarkan kepada hukum alam fizikal. Dia terpaksa kembali ke tanah.

Pada waktu itu, walaupun Bumi dilaknat, dosa-dosa dan kejahatan tidak begitu berleluasa seperti keadaan pada hari ini, oleh itu Adam hidup sehingga mencapai umur 930 tahun (Kejadian 5:5).

Tetapi dengan berlalunya masa, manusia menjadi bertambah jahat. Akibatnya, jangka hayat mereka juga menjadi pendek. Setelah mereka datang ke bumi dari Taman Syurgawi, Adam dan Hawa terpaksa menyesuaikan diri kepada persekitaran baru. Terutama sekali, mereka harus hidup sebagai manusia daging, dan bukannya sebagai roh hidup. Mereka menjadi letih setelah bekerja, jadi mereka perlu berehat. Mereka mula jatuh berpenyakit dan jatuh sakit Mereka terpaksa membuang air besar selepas makan. Segala-galanya berubah. Keingkaran Adam bukanlah perkara remeh. Ia bermakna seluruh umat manusia mewarisi dosa. Adam dan Hawa dan semua leluhur mereka di atas bumi ini memulakan kehidupan fizikal mereka dengan roh mati.

Bab 3
Manusia di dalam Ruangan Fizikal

Daging adalah sifat yang digabungkan dengan dosa,
dan disebabkan itu, manusia lebih cenderung melakukan dosa di dalam ruangan fizikal.
Walau bagaimanapun, di dalam teras hati manusia, wujud
benih kehidupan yang dikurniakan oleh Tuhan,
dan dengan benih kehidupan penggemburan manusia boleh dilaksanakan.

1. Benih Kehidupan

2. Bagaimana Manusia boleh Wujud

3. Hati Nurani

4. Kerja-kerja Daging

5. Penggemburan

Adam dan Hawa melahirkan ramai anak di atas bumi ini. Walaupun roh mereka telah mati, Tuhan tidak meninggalkan mereka. Dia mengajar mereka perkara-perkara yang diperlukan untuk kehidupan mereka di bumi. Adam mengajar anak-anak dia kebenaran, jadi Qabil dan Habil mengetahui bagaimana mereka harus menawarkan korban kepada Tuhan.

Dengan berlalunya masa, Qabil menawarkan korban tanaman yang diusahakan kepada Tuhan tetapi Habil menawarkan korban darah seperti dikehendaki oleh Tuhan. Apabila Tuhan menerima korban Habil, daripada menyedari dan menginsafi akan kesalahan dia, Qabil menjadi begitu cemburu dengan Habil sehingga membunuh dia.

Dengan berlalunya masa, dosa semakin bertambah dan berleluasa sehingga, di zaman Nuh, manusia di bumi menjadi begitu ganas sehingga Tuhan akhirnya memusnahkan dunia dengan air. Tetapi Tuhan telah membolehkan Nuh dan tiga orang anak lelaki dia membentuk bangsa yang baru sepenuhnya. Sekarang, apa telah terjadi kepada umat manusia yang datang tinggal di bumi?

1. Benih Kehidupan

Selepas Adam melakukan dosa, komunikasi dia dengan Tuhan terputus. Tenaga rohaniah keluar daripada dia dan digantikan oleh tenaga daging dan mengaburi benih kehidupan di dalam diri dia.

Tuhan menciptakan Adam daripada debu tanah. Dalam bahasa Ibrani 'Adamah' bermaksud tanah atau bumi. Tuhan membentukkan manusia daripada tanah liat dan meniup nafas kehidupan ke dalam hidungnya. Di dalam buku Yesaya juga tertulis bahawa manusia ‚dijadikan daripada tanah liat'.

Yesaya 64:8 berfirman, "Tetapi sekarang, ya TUHAN, Engkaulah Bapa kami! Kamilah tanah liat dan Engkaulah yang membentuk kami, dan kami sekalian adalah buatan tangan-Mu."

Tidak lama selepas saya mengasaskan gereja ini, Tuhan menunjukkan kepada saya Dirinya sedang membentuk Adam dengan tanah liat. Bahan yang digunakan oleh Tuhan adalah tanah bercampur ait, iaitu tanah liat. Di sini, air merujuk kepada Firman Tuhan (Yohanes 4:14). Apabila tanah dan air bergabung dan nafas kehidupan ditiup masuk, darah, yang merupakan nyawa mula mengalir dan menjadi makhluk yang hidup. (Imamat 17:14).

Nafas kehidupan mempunyai kuasa Tuhan di dalamnya. Oleh kerana datangnya daripada Tuhan, ia tidak pernah akan pupus. Alkitab tidak hanya berfirman bahawa Adam telah menjadi manusia. Ia berkata bahawa dia telah menjadi makhluk hidup. Maknanya dia telah menjadi roh hidup. Dia boleh hidup selama-lamanya dengan nafas kehidupan walaupun dia dijadikan daripada debu tanah. Daripada ini kita dapat memahami maksud ayat di dalam Yohanes 10:34:35 yang, „Kata Yesus kepada mereka: „Tidakkah ada tertulis dalam kitab Taurat kamu: AKU TELAH BERFIRMAN, KAMU ADALAH TUHAN"? Jikalau mereka, kepada siapa firman itu disampaikan, disebut tuhan, (sedangkan Kitab Suci tidak dapat dibatalkan) ..."

Dalam keadaan asal ciptaan, manusia boleh hidup selama-lamanya tanpa mengalami kematian fizikal. Walaupun roh Adam telah mati disebabkan keingkaran dia, benih kehidupan kurniaan Tuhan masih wujud di dalam teras dia. Ianya kekal abadi dan dengan itu sesiapa sahaja boleh dilahirkan semula sebagai anak Tuhan.

Benih Kehidupan Diberikan kepada Semua Orang

Apabila Tuhan mencipta Adam, Dia menanam benih kehidupan yang tidak terpadam di dalam dia. Benih kehidupan adalah benih asal yang Tuhan menanam di dalam roh Adam, yang merupakan teras roh dia. Ia adalah punca roh, sumber kuasa untuk mengingati Tuhan dan melaksanakan tanggungjawab sebagai manusia.

Pada bulan keenam kehamilan, Tuhan memberikan benih kehidupan mengandungi roh kepada janin itu. Dalam benih kehidupan ini wujudlah hati dan kuasa Tuhan supaya manusia boleh berkomunikasi dengan Tuhan. Kebanyakan orang yang tidak mengakui kewujudan Tuhan masih mempunyai ketakutan dan kerisauan tentang kehidupan selepas kematian atau mereka tidak boleh menyangkal Tuhan jauh di dalam lubuk hati mereka, kerana mereka masih mempunyai benih kehidupan di dalam hati mereka.

Piramid dan peninggalan arkeologi lain mengandungi konsep-konsep masyarakat setempat tentang kehidupan abadi dan harapan untuk tempat bersemadi yang abadi. Walau lelaki yang paling gagah pun takut kepada kematian kerana benih kehidupan di dalam diri mereka mengetahui kehidupan yang akan datang selepas itu.

Semua orang mempunyai benih kehidupan yang diberikan oleh Tuhan, dan dia mencari Tuhan dalam sifat dia (Pengkhutbah 3:11). Benih kehidupan berfungsi seperti hati manusia, oleh itu ia berhubung kait terus dengan kehidupan rohani. Darah mengalir untuk mengekalkan oksigen dan zat-zat ke seluruh badan hasil daripada jantung yang berdegup. Begitu juga, jika benih kehidupan diaktifkan dalam manusia, rohnya juga akan menjadi bertenaga dan kemudian dia boleh berkomunikasi dengan Tuhan. Sebaliknya, jika roh dia telah mati, benih kehidupan menjadi tidak aktif dan orang itu tidak boleh berkomunikasi terus dengan Tuhan.

Benih Kehidupan adalah Teras Roh

Adam dipenuhi dengan ajaran kebenaran yang diajar oleh Tuhan. Benih kehidupan di dalam dia aktif sepenuhnya. Dia dipenuhi dengan tenaga rohaniah. Dia menjadi begitu bijaksana sehingga dia boleh menamakan semua makhluk hidup dan berkuasa ke atas semuanya sebagai ketua. Tetapi selepas dia melakukan dosa, komunikasi dia dengan Tuhan terputus. Tenaga rohani dia mula keluar daripada dia secara perlahan-lahan. Tenaga rohani dia digantikan dengan tenaga daging dalam hatinya dan tenaga daging itu turut menutupi benih kehidupan. Bermula saat itu, benih kehidupan beransur-ansur kehilangan cahayanya dan akhirnya langsung tidak aktif.

Sama seperti kehidupan seseorang berakhir dengan jantungnya berhenti berdegup, roh Adam juga mati apabila benih kehidupan menjadi tidak aktif. Roh dia mati bermaksud benih kehidupan dia berhenti berfungsi sepenuhnya, jadi benih itu juga telah mati. Oleh itu, semua orang dalam ruang fizikal ini dilahirkan dengan benih kehidupan yang benar-benar tidak aktif.

Manusia tidak dapat mengelakkan daripada kematian semenjak kejatuhan Adam. Untuk memperolehi kehidupan abadi semula, manusia harus menyelesaikan masalah dosa dengan bantuan Tuhan yang merupakan Cahaya. Iaitu, mereka perlu menerima Yesus Kristus dan menerima pengampunan dosa. Dalam usaha untuk memulihkan roh kita, Yesus mati di atas salib dengan mengambil dosa-dosa semua manusia. Dia menjadi jalan, kebenaran, dan kehidupan, yang melalui Dia semua manusia dapat memperolehi kehidupan abadi. Apabila kita menerima Yesus sebagai penyelamat diri, kita boleh diampuni semua dosa-dosa kita dan menjadi anak Tuhan dengan menerima Roh Kudus.

Roh Kudus mengaktifkan semula benih kehidupan di dalam diri kita. Ini adalah penghidupan semula roh yang telah mati. Bermula saat itu, benih kehidupan itu yang dahulu tidak bercahaya lagi mula bersinar semula. Sudah tentu ia tidak boleh bersinar penuh seperti di dalam Adam, tetapi keterangan cahayanya bertambah kuat apabila ukuran iman seseorang meningkat dan roh dia bertumbuh dan matang.

Lebih banyak benih kehidupan itu dipenuhi dengan Roh Kudus, lebih kuat ia bersinar, dan bertambah kuat cahaya daripada badan rohaniah. Sehingga ke tahap seseorang memenuhi dirinya dengan pengetahuan kebenaran, dia boleh memulihkan imej Tuhan yang hilang dan menjadi anak sebenar Tuhan.

Benih Kehidupan Fizikal

Sebagai tambahan kepada benih kehidupan rohani yang lebih kepada teras roh, terdapat juga benih kehidupan fizikal. Ini merujuk kepada sperma dan ovum. Tuhan membuat rancangan untuk penggemburan manusia untuk memperolehi anak-anak sebenar untuk berkongsi kasih sayang Dia dengan mereka. Dan untuk melaksanakan rancangan ini, Dia memberikan benih kehidupan kepada manusia supaya mereka boleh berganda dan memenuhi bumi. Ruangan rohani di mana Tuhan tinggal tidak mempunyai sempadan, dan akan menjadi sangat sunyi dan sepi tanpa sesiapa di sana. Kerana itulah Tuhan menciptakan Adam sebagai roh hidup dan membiarkan dia menambahkan zuriat generasi demi generasi supaya Tuhan boleh memperolehi ramai anak.

Anak sebagaimana yang dikehendaki oleh Tuhan adalah mereka yang roh mati mereka telah dihidupkan semula dan mampu berkomunikasi dengan Tuhan, dan akan mampu berkongsi kasih sayang selama-lamanya dengan Dia di kerajaan syurgawi. Untuk memperolehi anak-anak seperti itu, Tuhan telah memberikan semua orang benih kehidupan dan Dia telah melaksanakan penggemburan manusia semenjak Adam masih hidup. Daud menyedari cinta dan rancangan Tuhan itu dan berkata, "Aku bersyukur kepada-Mu oleh karena kejadian ku dahsyat dan ajaib; ajaib apa yang Kau buat, dan jiwaku benar-benar menyedarinya" (Zabur139:14).

2. Bagaimana Manusia boleh Wujud

Manusia tidak boleh diklon daripada manusia yang lain. Malah jika mereka berjaya untuk meniru penampilan luaran manusia, ia masih bukan manusia kerana ia tidak akan mempunyai roh. Makhluk yang telah diklon itu tidak akan berbeza daripada seekor haiwan.

Kehidupan baru terbentuk apabila sperma dari seorang lelaki dan ovum seorang wanita bersatu. Untuk berkembang sepenuhnya sehingga menjadi manusia, fetus itu berada di dalam rahim selama sembilan bulan. Kita boleh menyedari kuasa misteri Tuhan apabila kita mengambil kira proses pertumbuhan bermula daripada perjaninan sehingga kehamilan uitu cukup bulan.

Pada bulan pertama, sistem saraf mula berkembang. Rangka asas terbentuk supaya darah, tulang, otot, urat, dan organ-organ dalaman boleh dibentuk. Pada bulan kedua, jantung mula berdegup dan ia mempunyai rupa luaran kasar manusia. Pada waktu ini kepada dan anggota-anggota lain dapat dicam. Muka terbentuk pada bulan ketiga. Ia boleh menggerakkan kepala, badan, dan anggota-anggota lain dengan sendirinya, serta organ-organ seks mula berkembang.

Bermula bulan keempat, uri lengkap terbentuk, jadi pembekalan zat-zat bertambah, dan panjang janin ini bertambah dengan cepat. Semua organ-organ yang menampung badan dan kehidupan normal berfungsi seperti biasa. Otot-otot dan kebolehan untuk mendengar berkembang pada bulan kelima dan ia boleh mendengar bunyi. Pada bulan keenam sistem pencernaan berkembang jadi pertumbuhan keseluruhan bertambah cepat. Pada bulan ketujuh rambut mula bertumbuh di kepala dan perkembangan paru-paru membolehkan ia bernafas.

Organ-orang seks dan kebolehan untuk mendengar berkembang lengkap pada bulan kelapan. Janin itu mungkin juga bertindak balas kepada bunyi luaran. Pada bulan yang kesembilan, rambut menjadi lebih tebal, bulu halus pada badan hilang, dan anggota badan menjadi montel. Selepas sembilan bulan penuh, bayi dengan purata kira-kira 50cm panjang dan berat badan 3.2kg dilahirkan.

Janin adalah Nyawa Milik Tuhan

Dengan perkembangan sains moden hari ini, manusia semakin meminati pengklonan makhluk hidup. Tetapi, seperti yang dinyatakan sebelum ini, tidak kira betapa majunya sains, manusia tidak boleh diklon. Walaupun mereka berjaya diklon dengan penampilan luaran manusia, ia tidak akan mempunyai roh. Tanpa roh, ia tidak ubah seperti seekor haiwan.

Tidak seperti pada haiwan lain, terdapat titik semasa proses pertumbuhan manusia di mana roh dimasukkan. Pada bulan keenam kehamilan, janin telah mempunyai pelbagai organ,, muka dan anggota-anggota luar. Ianya sedang berkembang menjadi acuan yang mencukupi untuk menampung roh. Pada masa ini Tuhan memberikan benih kehidupan kepada manusia sekali dengan roh dia. Terdapat rekod di dalam Alkitab di mana kita boleh membuat kenyataan ini. Ia adalah rekod jawapan janin berumur enam bulan di dalam kandungan.

Lukas 1:41-44 berfirman, "Dan ketika Elisabet mendengar salam Maria, melonjaklah anak yang di dalam rahimnya dan Elisabet pun penuh dengan Roh Kudus. lalu berseru dengan suara nyaring: „Diberkatilah engkau di antara semua perempuan dan diberkatilah buah rahimmu! Siapakah aku ini sampai ibu Tuhanku datang mengunjungi aku? Sebab sesungguhnya, ketika salammu sampai kepada telingaku, anak yang di dalam rahimku melonjak kegirangan.'"

Kejadian ini berlaku sewaktu Yesus baru dikandung dalam rahim Mariam dan dia pergi melawat Elizabeth yang pada masa itu telah enam bulan mengandung Yohanes Pembaptis. Di dalam rahim ibunya, Yohanes Pembaptis melompat kegembiraan apabila Mariam datang. Dia mengecam Yesus di dalam rahim Mariam dan dipenuhi dengan Roh Kudus. Janin bukan sahaja kehidupan tetapi juga merupakan makhluk rohani yang boleh dipenuhi dengan Roh Kudus bermula daripada enam bulan dalam kandungan. Manusia merupakan nyawa milik Tuhan bermula pada saat dikandungkan. Hanya Tuhan berdaulat ke atas nyawa. Oleh itu, kita tidak boleh menggugurkan kandungan sesuka hati, walaupun janin itu belum lagi mempunyai roh.

Tempoh sembilan bulan sewaktu janin membesar di dalam rahim sangat penting. Ia dibekalkan dengan segala-gala yang diperlukan bagi pertumbuhan daripada ibunya, jadi ibu itu mesti memakan makanan seimbang. Perasaan dan pemikiran ibu tersebut juga mempengaruhi pembentukan sifat-sifat, personaliti, dan kecerdikan janin itu. Hal ini adalah sama juga dengan roh. Bayi kepada para ibu yang berkhidmat untuk kerajaan Tuhan dan rajin berdoa lazimnya dilahirkan dengan sifat-sifat lembut, dan membesar dengan kecerdikan serta kesihatan yang mantap.

Kedaulatan ke atas nyawa adalah milik tunggal Tuhan, tetapi Dia tidak mencampur tangan di dalam proses kandungan, kelahiran dan pembesaran manusia. Ini sifat semula jadi yang diputuskan melalui kehidupan tenaga yang terkandung dalam sperma dan telur ibu bapa. Sifat-sifat lain diperolehi dan berkembang berdasarkan kepada persekitaran dan pengaruh-pengaruh luaran.

Campur Tangan Khas Tuhan

Terdapat beberapa kes di mana Tuhan di dalam kehamilan dan kelahiran. Yang pertama, adalah ibu bapa yang menyenangkan Tuhan dengan iman mereka dan rajin berdoa. Hannah, seorang wanita yang hidup di zaman Yesus, hidup menderita kerana tidak dapat melahirkan anak, dia menghadap Tuhan dan tekun berdoa. Dia berjanji bahawa jika Tuhan memberikan memberikan dia seorang anak lelaki, dia akan menyerahkan anak lelaki itu pada Tuhan.

Tuhan mendengar doa dia dan memberkati dia dengan seorang anak lelaki. Seperti dia telah bersumpah, dia membawa anak lelaki dia Samuel untuk berjumpa paderi sebaik sahaja dia berhenti menyusu dan ditawarkan untuk berkhidmat sebagai hamba Tuhan. Samuel berkomunikasi dengan Tuhan sejak berusia kanak-kanak dan kemudian menjadi rasul agung Israel. Disebabkan Hannah mentaati sumpah dia, Tuhan merahmati dia dengan tiga lagi anak lelaki dan dua anak perempuan (1 Samuel 2:21).

Kedua, Tuhan bercampur tangan di dalam kehidupan mereka yang telah diasingkan untuk mendapatkan kehematanNya. Untuk memahami ini, kita harus memahami perbezaan di antara ‚dipilih' dan ‚yang diasingkan'. Adalah kehendak Tuhan apabila Tuhan menetapkan rangka kerja tertentu dan tanpa pandang bulu memilih semua orang yang termasuk ke dalam sempadan-sempadan rangka kerja tersebut. Sebagai contoh, Tuhan menetapkan rangka kerja penyelamatan dan menyelamatkan sesiapa sahaja yang termasuk dalam sempadan rangka kerja tersebut. Oleh itu, mereka yang menerima penyelamatan dengan menerima Yesus Kristus dan hidup mentaati Firman Tuhan dikatakan sebagai ‚dipilih'.

Sesetengah orang salah faham dengan berpendapat bahawa

Tuhan telah pun menetapkan mereka yang akan diselamatkan dan tidak diselamatkan. Mereka berkata jika anda pernah menerima Yesus sekali, Tuhan akan memastikan anda akan diselamatkan walaupun anda tidak menjalani hidup mentaati Firman Tuhan. Tetapi pendapat ini salah sama sekali.

Setiap orang yang dengan beriman dengan pilihannya sendiri dan termasuk di dalam rangka kerja penyelamatan akan menerima penyelamatan. Bermakna, mereka semua telah 'dipilih' oleh Tuhan. Tetapi mereka yang tidak termasuk di dalam rangka kerja penyelamatan, atau mereka yang pernah termasuk di dalam sempadannya tetapi terkeluar disebabkan sifat-sifat duniawi secara sengaja atau tidak sengaja melakukan dosa, tidak akan diselamatkan sehingga mereka bertaubat daripada melakukan dosa.

Jadi, apa maksud 'yang diasingkan'? Maksudnya adalah apabila Tuhan yang maha mengetahui dan merancangkan segala-galanya sebelum permulaan zaman, memilih orang tertentu dan mengawal keseluruhan perjalanan hidup orang itu. Sebagai contoh, Ibrahim; Yakobus, bapa kepada seluruh umat Israel; dan Musa, pemimpin Penghijrahan, semuanya telah diasingkan oleh Tuhan untuk melaksanakan tugas-tugas tertentu yang diberikan oleh Oleh Tuhan dalam kehematanNya.

Tuhan mengetahui segala-galanya. Dalam kehematan penggemburan manusia Dia mengetahui jenis orang yang harus dilahirkan pada waktu-waktu tertentu sepanjang sejarah manusia. Untuk melaksanakan rancanganNya, Dia memilih orang-orang tertentu dan membolehkan mereka melakukan tugas-tugas hebat. Untuk mereka yang diasingkan dengan cara sebegini, Tuhan mencampur tangan dalam setiap saat kehidupan mereka bermula dari kelahiran.

Roma 1:1 berfirman, "Dari Paulus, hamba Kristus Yesus, yang dipanggil menjadi rasul dan dikuduskan untuk memberitakan Injil Tuhan." Seperti tertulis, hawari Paulus diasingkan sebagai hawari kepada kaum Bukan Yahudi untuk menyebarkan gospel. Disebabkan dia mempunyai hati yang kental dan berani, dia diasingkan untuk melalui melalui penderitaan hebat yang tidak dapat dibayangkan. Dia juga diberikan tugasan dan tanggungjawab untuk merekodkan kebanyakan buku di dalam Perjanjian Baru. Untuk membolehkan dia melaksanakan tugas seperti itu, Tuhan membolehkan dia mempelajari Firman Tuhan daripada awal zaman kanak-kanak dia di bawah jagaan naungan cendekiawan terbaik zaman tersebut, Gamaliel.

Yohanes Pembaptis juga diasingkan oleh Tuhan. Tuhan mencampur tangan di dalam kehamilan dia, dan Tuhan membolehkan dia menjalani kehidupan yang berbeza sejak zaman kanak-kanak dia. Beliau tinggal di hutan belantara seorang diri, dan tidak mempunyai apa-apa hubungan dengan dunia. Dia mempunyai pakaian dari bulu unta dan tali pinggang kulit di sekeliling pinggang dan makanannya adalah belalang dan madu hutan. Dengan cara ini dia menyiapkan jalan untuk Yesus.

Perkara ini juga sama bagi Musa. Tuhan mencampur tangan bermula daripada kelahiran Musa. Dia dibuang ke dalam sungai tetapi dijumpai oleh puteri, dan dia menjadi seorang putera. Namun dia dibesarkan oleh ibu dia sendiri supaya dia boleh mempelajari tentang Tuhan dan umat dia sendiri. Sebagai seorang putera Mesir, dia juga mempelajari pengetahuan tentang seluruh dunia. Seperti telah diterangkan, apabila seseorang itu diasingkan dengan kedaulatan Tuhan, Tuhan mengawal kehidupan orang itu, dan mengetahui saat dalam sejarah manusia orang itu akan dilahirkan.

3. Hati Nurani

Untuk seseorang manusia mencari dan menemui Tuhan maha Pencipta, memulihkan imej Tuhan, dan menjadi makhluk yang bernilai bergantung kepada jenis hati nurani yang dimiliki oleh orang tersebut.

Sperma dan ovum kedua ibu bapa dia mengandungi tenaga-hayat, yang diwarisi oleh anak-anak mereka. Ini adalah sama dengan hati nurani. Hati nurani adalah piawaian untuk mengadili yang baik dengan yang jahat. Sekiranya ibu bapa telah hidup dalam kebaikan dan mempunyai hati yang baik, anak-anak lebih cenderung dilahirkan dengan hati nurani yang baik. Oleh itu, faktor asas yang menentukan hati nurani seseorang itu adalah jenis tenaga-hayat yang diwarisi daripada kedua ibu bapa dia.

Walaupun mereka dilahirkan dengan tenaga-hayat yang baik kedua-dua ibu bapa, jika mereka dibesarkan di dalam persekitaran yang kurang baik, mendengar dan melihat pelbagai kejahatan serta ditanam kejahatan di dalam diri mereka, kemungkinan besar mereka hati nurani mereka akan tercemar dengan kejahatan. Sebaliknya pula, mereka yang dibesarkan dalam persekitaran yang baik, melihat dan mendengar perkara-perkara baik, lebih cenderung memiliki hati nurani yang baik.

Pembentukan Hati Nurani

Hati nurani berbeza-beza terbentuk berdasarkan kepada ibu bapa yang melahirkan anak tersebut, persekitaran di mana anak itu dibesarkan, perkara-perkara yang dia melihat, mendengar, mempelajari serta usaha-usaha dia untuk melakukan kebaikan. Jadi, mereka yang dilahirkan kepada ibu bapa yang baik dan dibesarkan dalam persekitaran yang baik, serta mengawal diri biasanya mencari kebaikan dan berdasarkan hati nurani mereka. Bagi mereka, adalah lebih mudah menerima gospel dan perubahan demi kebenaran.

Secara umum, sesetengah orang berpendapat bahawa hari nurani itu adalah bahagian hati kita yang baik, tetapi dalam pandangan Tuhan sebenarnya bukan. Sesetengah orang mempunyai hati nurani yang baik dan lebih kuat kecenderungan mereka untuk melakukan kebaikan manakala yang lain yang mempunyai hati nurani jahat hanya melakukan perkara-perkara yang menguntungkan diri mereka dan bukannya mengikuti kebenaran.

Ada mereka yang seketika merasa bersalah apabila mengambil sesuatu yang kecil daripada orang lain tanpa kebenaran, manakala yang lain pula tidak merasa bahawa itu adalah mencuri dan oleh itu bukan tidak dianggap sebagai kejahatan. Manusia mempunyai piawai penilaian di antara baik dengan jahat yang berbeza-beza berdasarkan kepada jenis-jenis persekitaran yang mereka dibesarkan dan perkara-perkara yang diajar kepada mereka.

Setiap manusia menilai di antara baik dan jahat berdasarkan

kepada hati nurani mereka. Namun hati nurani manusia adalah berbeza-beza. Terdapat perbezaan berdasarkan budaya dan kawasan, dan ianya tidak boleh menjadi piawaian mutlak dalam menilai di antara baik dan jahat. Piawaian mutlak hanya boleh didapati di dalam Firman Tuhan, yang sendirinya merupakan kebenaran.

Perbezaan di antara Hati dan Hati Nurani

Roma 7:21-24 berfirman, "Demikianlah aku dapati hukum ini: jika aku menghendaki berbuat apa yang baik, yang jahat itu ada padaku. Sebab di dalam batinku aku suka akan hukum Tuhan, tetapi di dalam anggota-anggota tubuhku aku melihat hukum lain yang berjuang melawan hukum akal budiku dan membuat aku menjadi tawanan hukum dosa yang ada di dalam anggota-anggota tubuhku. Aku, manusia celaka! Siapakah yang akan melepaskan aku dari tubuh maut ini?"

Daripada ayat ini, kita boleh memahami bagaimana hati manusia dirangkap. 'Batinku' di dalam ayat ini adalah hati kebenaran, yang boleh dipanggil 'hati putih' yang cuba mengikuti panduan Roh Kudus. Di dalam batinku itu lah terdapat benih kehidupan. Juga, adanya ‚hukum dosa‘, iaitu ‚hati hitam‘ yang terdiri daripada ketidakbenaran. Terdapat juga ‚hukum minda aku‘. Ini adalah hati nurani. Hati nurani adalah piawaian untuk menilai, yang dibentukkan masing-masing oleh setiap orang. Ia merupakan campuran ‚hati putih‘ dan ‚hati hitam‘. Untuk memahami hati nurani, kita harus dahulunya memahami hati.

Terdapat pelbagai definisi untuk perkataan „hati" di dalam kamus. Ia ditakrifkan sebagai „emosi atau moral dibezakan daripada sifat intelek," atau „sifat, perasaan, atau kecenderungan paling mendalam seseorang". Namun maksud rohaniah hati adalah berbeza.

Apabila Tuhan mula-mula menciptakan Adam, Dia memberikan dia benih kehidupan bersama-sama dengan roh dia. Adam seperti bekas kosong, sebelum Tuhan mengisi dia dengan pengetahuan rohaniah, seperti kasih sayang, kebaikan, dan kebenaran. Disebabkan Adam diajar hanya kebenaran, benih kehidupan dia terdiri daripada roh dia bersama-sama dengan pengetahuan di dalamnya. Disebabkan dia telah dipenuhi dengan hanya kebenaran, tidak ada keperluan untuk membezakan antara roh dan hati. Kerana tidak ada ketidakbenaran, istilah seperti hati nurani tidak diperlukan.

Tetapi setelah Adam berdosa, roh dia tidak lagi bersatu dengan hati dia. Apabila komunikasi dia dengan Tuhan terputus, kebenaran, pengetahuan rohaniah yang dahulu memenuhi hati dia mula terkeluar dan mula digantikan dengan ketidakbenaran seperti kebencian, iri-hati, dan kesombongan dalam hati dia yang menutupi benih kehidupan. Sebelum wujud ketidakbenaran, istilah „hati" tidak tidak perlu digunakan. Hati dia sebenarnya adalah roh itu sendiri. Tetapi selepas wujudnya ketidakbenaran disebabkan dosa-dosa, roh dia mati, dan bermula itu kita menggunakan perkataan „hati".

Hati manusia selepas kejatuhan Adam sampai ke tahap di mana ‚ketidakbenaran, dan bukan kebenaran, menutupi benih kehidupan' yang bermaksud ‚jiwa, dan bukan roh, menutupi benih kehidupan'. Kesimpulannya, hati kebenaran adalah hati putih dan hati ketidakbenaran adalah hati hitam. Untuk semua leluhur Adam yang dilahirkan selepas kejatuhan dia, hati mereka terdiri daripada hati ketidakbenaran, hati kebenaran, dan hati nurani yang mereka menghasilkan dengan mencampurkan kebenaran dengan ketidakbenaran.

Sifat adalah Asas kepada Hati Nurani

Keperibadian asal hati seseorang disebut sebagai ‚sifat'. Sifat seseorang tidak dilengkapkan hanya melalui warisan. Ia juga berubah berdasarkan kepada jenis-jenis perkara yang orang itu menerima sewaktu dia membesar. Sama seperti ciri-ciri tanah berubah berdasarkan kepada apa yang kita tambah kepada tanah itu, hati seseorang juga boleh berubah berdasarkan kepada apa yang dia melihat, mendengar, dan merasa.

Semua keturunan Adam dilahirkan di bumi ini mewarisi melalui tenaga-hayat ibu bapa, sifat yang merupakan campuran kebenaran dan ketidakbenaran. Walaupun mereka dilahirkan dengan sifat yang baik, mereka akan menjadi jahat sekiranya mereka menerima perkara-perkara jahat di dalam persekitaran yang kurang baik. Sebaliknya, jika mereka diajar tentang perkara-perkara yang baik di dalam persekitaran yang baik secara relatifnya tidak banyak kejahatan yang akan tertanam di dalam diri mereka. Sifat setiap orang boleh diubah dengan menambahkan ketidakbenaran dan kebenaran di dalamnya.

Adalah mudah untuk memahami tentang hati nurani apabila kita mula-mula memahami tentang sifat manusia, kerana hati nurani adalah piawaian penilaian yang dilakukan ke atas sifat. Adalah lumrah sifat manusia untuk menerima pengetahuan ketidakbenaran dan kebenaran yang didapati, dan membentuk piawaian penilaian. Inilah hati nurani. Jadi, di dalam hati nurani seseorang, terdapat hati kebenaran, kejahatan daripada sifat seseorang, dan kebenaran diri sendiri.

Dengan berlalunya masa, dunia semakin dipenuhi dengan dosa dan kejahatan, dan hati nurani manusia semakin lama bertambah jahat. Mereka mewarisi sifat-sifat yang lebih jahat daripada ibu bapa mereka, dan selain itu, mereka juga menerima ketidakbenaran dalam kehidupan mereka. Proses ini berterusan generasi demi generasi. Semakin jahat dan kebas hati nurani mereka, semakin susah untuk mereka menerima gospel. Sebaliknya, adalah lebih mudah untuk mereka menerima kerja-kerja Syaitan dan melakukan dosa.

4. Kerja-kerja Daging

Apabila seseorang melakukan dosa, sudah pasti akan menerima balasannya berdasarkan kepada hukum alam rohaniah. Tuhan bersabar dengan dia dalam usaha untuk memberikan dia berbilang peluang untuk bertaubat dan berhenti melakukan dosa, tetapi sekiranya dia melebihi had, dia akan dikenakan ujian serta dugaan-dugaan atau pelbagai malapetaka pada diri dia.

Setiap orang dilahirkan dengan sifat berdosa, kerana sifat berdosa manusia pertama Adam diwariskan kepada anak-anak melalui tenaga-hayat ibu bapa mereka. Kadang-kadang kita boleh melihat bahawa kanak-kanak kecil juga meluahkan kemarahan dan kekecewaan mereka, contohnya dengan menangis tanpa henti-henti. Adakalanya, jika kita tidak menyusu bayi yang lapar, dan menangis, dia akan menangis dengan kuat sehingga kelihatan seolah-olah seperti tidak boleh bernafas. Kemudian, dia tidak ingin menyusu kerana sangat marah. Walau bayi yang baru dilahirkan juga menunjukkan sifat seperti ini kerana mereka mewarisi sifat panas baran, benci, atau iri hati daripada ibu bapa mereka. Ini disebabkan semua manusia mempunyai sifat berdosa dalam hati mereka, dan ini adalah dosa asal.

Selain itu, manusia juga melakukan dosa di dalam proses pembesaran. Sama seperti magnet menarik besi, mereka yang hidup dalam ruangan fizikal akan terus menerus menerima ketidakbenaran dan melakukan dosa. Dosa-dosa yang ‚dilakukan-sendiri' ini boleh dikategorikan kepada dosa-dosa dalam hati dan dosa-dosa dalam tindakan. Dosa-dosa yang berbeza mempunyai magnitud yang berbeza, dan dosa di dalam tindakan pasti akan diadili (1 Korintus 5:10). Dosa di dalam tindakan itu disebut sebagai ‚kerja-kerja daging'.

Daging dan Kerja-kerja Daging

Kejadian 6:3 berfirman, "Berfirmanlah TUHAN: „Roh-Ku tidak akan selama-lamanya tinggal di dalam manusia, karena manusia itu adalah daging, tetapi umurnya akan seratus dua puluh tahun saja."' Di sini, ‚daging' tidak hanya merujuk kepada badan fizikal. Ia bermakna manusia telah menjadi makhluk daging yang telah tercemar dengan dosa dan kejahatan. Manusia daging seperti itu tidak boleh tinggal dengan Tuhan selama-lamanya, dan oleh itu mereka tidak boleh diselamatkan. Tidak lama setelah Adam dihalau keluar daripada Taman syurgawi dan mula mendiami bumi, keturunannya dengan cepat mula melakukan kerja-kerja daging.

Tuhan dan Nuh yang merupakan manusia suci pada waktu itu, menyediakan bahtera dan memberi amaran kepada manusia untuk bertaubat dan meninggalkan dosa. Tetapi tidak sesiapa pun kecuali keluarga Nuh ingin masuk ke dalam bahtera itu. Berdasarkan kepada hukum alam rohaniah yang menyebut bahawa 'balasan dosa adalah kematian' (Roma 6:23), setiap orang pada zaman Nuh dimusnahkan oleh banjir.

Kini, apakah maksud rohaniah ,daging'? Ia merujuk kepada ,sifat-sifat ketidakbenaran di dalam hati seseorang yang didedahkan dalam tindakan-tindakan tertentu'. Dalam erti kata lain, iri hati, panas baran, benci, tamak, zina, sombong dan ketidakbenaran luaran yang lain di dalam manusia didedahkan dalam bentuk keganasan, bahasa kasar, berzina, atau membunuh. Semua kelakuan ini dipanggil ,daging' secara keseluruhannya, dan setiap tindakan itu adalah kerja-kerja daging.

Tetapi dosa-dosa yang tidak dimanifestasikan dalam tindakan dan hanya dilakukan dalam hati dan fikiran dipanggil ,perkara-perkara daging'. Perkara-perkara daging ini pada suatu hari boleh manifestasi sebagai kerja-kerja daging, selagi ianya tidak dibuang dari dalam hati. Lebih banyak maklumat terperinci berkaitan perkara-perkara daging akan dibincangkan di dalam Bahagian 2

‚Pembentukan Jiwa'.

sebaik sahaja perkara-perkara daging dimanifestasikan sebagai kerja-kerja daging, ia menjadi ketidakbenaran dan kejahatan. Jika kita mempunyai sifat-sifat berdosa di dalam hati, ianya tidak dianggap sebagai ketidakbenaran, tetapi sebaik sahaja dimanifestasikan dalam tindakan, ia menjadi ketidakbenaran. Sekiranya kita tidak membuang perkara-perkara daging dan kerja-kerja daging tetapi terus melakukannya, ia akan membentuk dinding penghalang dosa di antara kita dan Tuhan. Kemudian, Syaitan akan menuduh kita supaya dikenakan ujian dan dugaan. Kita mungkin berdepan dengan pelbagai kemalangan kerana Tuhan tidak boleh melindungi kita. Kita tidak tahu apa yang akan berlaku pada diri kita pada hari besok sekiranya kita tidak berada di bawah perlindungan Tuhan. Untuk sebab yang sama doa-doa kita juga tidak dimakbulkan.

Kerja-kerja Daging yang Nyata

Jika kejahatan adalah lazim di dunia, sebahagian daripada dosa-dosa yang paling jelas adalah perbuatan seks dan keghairahan. Sodom dan Gomora dahulunya penuh dengan keghairahan, dan telah dimusnahkan oleh belerang dan api. Jika anda melihat peninggalan bandar Pompei, ianya membuktikan pada kita betapa berzina dan tidak bermoral masyarakat pada zaman itu.

Galatia 5:19-21 menerangkan kerja-kerja daging yang nyata:

Perbuatan daging telah nyata, iaitu: pencabulan, kecemaran,

hawa nafsu, penyembahan berhala, sihir, perseteruan, perselisihan, iri hati, amarah, kepentingan diri sendiri, percideraan, roh pemecah, kedengkian, kemabukan, pesta pora dan sebagainya. Terhadap semuanya itu kuperingatkan kamu--seperti yang telah kubuat dahulu--bahawa barang siapa melakukan hal-hal yang demikian, dia tidak akan mendapat bagian dalam Kerajaan Tuhan.

Walau pada hari ini kerja-kerja daging seperti itu masih berleluasa di seluruh dunia. Saya ingin memberikan beberapa contoh kerja-kerja daging.

Yang pertama, adalah kelakuan seks tidak moral. Kelakuan seks tidak moral sama ada secara fizikal atau rohani. Dalam erti fizikal, ia merujuk kepada zina atau mukah. Walaupun pasangan yang telah bertunang tidak terkecuali. Pada hari ini, novel, filem, atau drama-drama bersiri menggambarkan zina sebagai cinta yang indah, dan dengan itu membuat orang tidak sensitif terhadap dosa serta kecerdikan mereka kabur. Terdapat juga banyak bahan-bahan yang menggalakkan mukah.

Namun terdapat juga kelakuan rohaniah tidak moral bagi orang-orang beriman. Apabila mereka melawati tukang tilik nasib, memiliki azimat atau azimat bertuah, atau melakukan ilmu sihir, ini dinamakan zina rohani (1 Korintus 10:21). Jika orang-orang Kristian tidak bergantung kepada Tuhan yang mengawal kehidupan, kematian, rahmat, dan laknat, sebaliknya bergantung kepada patung-patung dan roh jahat, ini dinamakan zina rohani, yang sama dengan mengkhianati Tuhan.

Kedua, kekotoran bermaksud melayani hawa nafsu dan melakukan perkara-perkara ketidakbenaran, dan apabila kehidupan seseorang dipenuhi dengan kata-kata dan kelakuan bersifat zina. Ia adalah sesuatu yang melangkaui batas biasa kelakuan seks tidak moral, sebagai contoh, bersetubuh dengan haiwan, melakukan seks beramai-ramai, dan homoseks (Imamat 18:22-30). Semakin berleluasa dosa, semakin tidak sensitif manusia kepada perkara-perkara bersifat zina.

Perkara-perkara ini mengingkari dan melawan Tuhan (Roma 1:26-27). Semua itu adalah dosa-dosa yang menyekat penyelamatan (1 Korintus 6:9-10), yang dibenci di pandangan Tuhan (Ulangan 13:18). Melakukan pembedahan ubah-jantina, atau lelaki memakai pakaian wanita, atau wanita memakai pakaian lelaki, semuanya dilaknat di pandangan Tuhan (Ulangan 22:5).

Ketiga, penyembahan berhala juga amat dibenci di pandangan Tuhan. Terdapat penyembahan berhala fizikal dan berhala penyembahan rohaniah.

Penyembahan berhala fizikal adalah menyembah imej-imej tertentu yang diperbuat daripada kayu, batu, atau besi berbanding mengharap pada Tuhan yang maha Pencipta (Keluaran 20:4-5). Penyembahan berhala fizikal yang parah akan menyebabkan laknat Tuhan akan diwarisi sehingga empat atau empat generasi. Jika anda perhatikan keluarga-keluarga yang menyembah berhala, musuh Iblis dan Syaitan tidak henti-henti mengenakan dugaan ke atas mereka, sehingga keluarga tersebut sentiasa dilanda masalah. Khususnya, terdapat ramai ahli keluarga yang kerasukan roh jahat, yang mempunyai masalah-masalah mental atau menjadi pemabuk. Mereka yang dilahirkan ke dalam keluarga-keluarga seperti itu, walaupun mereka menerima Yesus, musuh Iblis dan Syaitan mengganggu mereka, dan mereka susah menjalani kehidupan beriman.

Zina rohaniah berlaku apabila seseorang yang beriman kepada Tuhan mencintai sesuatu lebih daripada dia mencintai Tuhan. Jika mereka mengingkari Hari Tuhan semata-mata untuk menonton wayang, drama bersiri, acara-acara sukan, atau hobi-hobi yang lain, ataupun mereka mengabaikan tugasan-tugasan iman mereka kerana teman lelaki atau teman wanita mereka, semua ini dianggap penyembahan berhala rohaniah. Selain daripada perkara-perkara yang tersebut, sekiranya anda mencintai perkara-perkara lain – keluarga, anak-anak, ataupun hiburan duniawi, barangan mewah, pihak berkuasa, kemasyhuran, ketamakan, atau ilmu – lebih daripada Tuhan, maka perkara itu dianggap sebagai berhala.

Keempat, ilmu sihir adalah penggunaan kuasa yang diperolehi dengan bantuan roh-roh jahat untuk khususnya untuk menilik.

Adalah salah jika anda mengaku beriman kepada Tuhan tetapi melawati tukang tilik nasib. Mereka yang tidak beriman juga mengakibatkan musibah-musibah hebat dengan mengamalkan ilmu sihir, kerana ilmu sihir mengundang roh-roh jahat.

Sebagai contoh, jika anda mengamalkan ilmu sihir untuk mengatasi masalah-masalah tertentu, masalah-masalah tersebut hanya akan bertambah teruk dan bukannya diatasi. Selepas ilmu itu diamalkan, roh-roh jahat itu akan mendiamkan diri seketika, tetapi tidak lama kemudian akan menyebabkan masalah-

masalah yang lebih besar supaya mereka lebih kerap dipuja. Adakalanya, mereka seolah-olah memberitahu perkara-perkara yang bakal berlaku, tetapi roh-roh jahat itu tidak boleh melihat masa hadapan. Disebabkan mereka adalah makhluk-makhluk rohani dan mereka mengenali hati daging manusia, maka mereka menipu manusia supaya mempercayai bahawa mereka sedang diberitahu perkara yang bakal berlaku, supaya mereka terus dipuja. Ilmu sihir juga boleh dilakukan melalui tipu helah yang direka untuk menipu orang lain, oleh itu kita harus juga berhati-hati dengan ini. Jika anda membiarkan seseorang jatuh ke dalam lubang menggunakan tipu helah, maka ini adalah kerja nyata daging, dan suatu cara yang bakal membawa kemusnahan kepada diri sendiri.

Yang kelima, bermusuhan lazimnya adalah rasa benci atau niat jahat yang wujud, aktif dan berterusan. Ia merupakan keinginan dan kelakuan untuk menjatuhkan orang lain. Mereka yang bermusuhan membenci orang lain dengan perasaan jahat hanya kerana mereka tidak menyukai orang lain itu. Jika kebencian begitu banyak, mereka mungkin akan meletup, atau melakukan fitnah atau merancang perkara jahat.

Keenam, persengketaan adalah konflik ganas atau perselisihan. Ia mencipta kumpulan dalam gereja hanya kerana orang lain mempunyai pendapat berbeza. Mereka memburuk-burukkan orang lain dan membuat penilaian serta kutukan. Gereja kemudiannya akan berpecah kepada banyak kumpulan.

Ketujuh, perselisihan adalah untuk membahagikan kepada

kumpulan mengikut pendapat masing-masing. Malah ada keluarga juga yang berpecah-belah, dan ada juga perpecahan dalam gereja. Anak Daud, Absalom mengkhianatinya dan mengasingkan diri daripada bapanya kerana mengikut kehendak sendiri. Dia menentang bapanya, untuk menjadi raja. Tuhan melupakan manusia seperti ini. Absalom akhirnya berhadapan dengan kematian yang menyedihkan.

Kelapan, berpuak-puak. Apabila hal ini berlaku, ia boleh membawa kepada bidaah. 2 Petrus 2:1 menyatakan, "Sebagaimana nabi-nabi palsu dahulu tampil di tengah-tengah umat Tuhan, demikian pula di antara kamu akan ada guru-guru palsu. Mereka akan memasukkan pengajaran-pengajaran sesat yang membinasakan, bahkan mereka akan menyangkal Penguasa yang telah menebus mereka dan dengan jalan demikian segera mendatangkan kebinasaan atas diri mereka." Bidaah adalah menentang Yesus Kristus (1 Yohanes 2:22-23; 4:2-3). Mereka menyatakan bahawa mereka percaya kepada Tuhan tetapi menidakkan Tuhan Trinitas, atau Yesus Kristus yang menebus kita dengan darahNya, dan dengan itu membawa kemusnahan kepada diri mereka sendiri. Alkitab dengan jelas menyatakan bahawa pembidaah adalah orang yang menidakkan Yesus Kristus, dan oleh itu kita janganlah dengan mudah menghakimi orang yang menerima Tuhan Trinitas dan Yesus Kristus.

Kesembilan, iri hati adalah apabila cemburu menjadi satu tindakan yang serius. Iri hati adalah berasa tidak selesa dan menjauhkan diri serta membenci orang lain apabila orang lain kelihatan lebih baik daripada dirinya sendiri. Jika iri hati berlaku, akan ada banyak tindakan yang berbahaya kepada orang lain. Saul cemburu dengan Daud kerana Daud dikasihi oleh orang lain lebih daripadanya. Dia malah menggunakan tenteranya untuk membunuh Daud, dan membunuh paderi dan penduduk di bandar yang menyembunyikan Daud.

Ke-10, kemabukan. Nuh membuat kesilapan selepas meminum wain, selepas banjir, dan ia membawa kesan bala bencana yang teruk. Dia menyumpah anak keduanya Ham, yang memperlihatkan kesilapannya.

Efesus 5:18 menyatakan, "Dan janganlah kamu mabuk oleh anggur, kerana anggur menimbulkan hawa nafsu, tetapi hendaklah kamu penuh dengan Roh." Ada orang menyatakan yang tidak mengapa jika kita minum satu gelas. Namun ini masih dosa, kerana tidak kiralah satu atau dua gelas, anda minum alkohol untuk mabuk. Selain itu, orang yang minum melakukan banyak dosa kerana tidak dapat mengawal diri mereka.

Alkitab menyebut tentang minum wain, kerana di Israel, air sukar didapati, jadi Tuhan membenarkan mereka minum wain, yang merupakan jus asli anggur, atau minuman keras yang diperbuat daripada buah yang mempunyai kandungan gula lebih tinggi (Ulangan 14:26). Tetapi sebenarnya, Tuhan tidak membenarkan manusia minum arak (Imamat 10:9; Bilangan 6:3; Amsal 23:31; Yeremia 35:6; Daniel 1:8; Lukas 1:15; Roma 14:21). Tuhan hanya membenarkan penggunaan terhad wain dalam kes tertentu. Atas alasan ini, walaupun penduduk Israel minum wain dan bukan air, mereka bukannya minum untuk mabuk atau berseronok.

Akhir sekali, pesta pora adalah menikmati alkohol, wanita, perjudian dan perkara nafsu lain tanpa kawalan diri. Manusia begini tidak dapat memenuhi tanggungjawab mereka sebagai manusia. Jika anda tidak mempunyai kawalan diri, ini juga sejenis pesta pora. Jika anda hidup dengan gaya yang berlebihan dan melampau, atau hidup dalam pembaziran sesuka hati anda, ini juga dinamakan pesta pora. Jika anda menjalani kehidupan begini walaupun setelah menerima Yesus, anda boleh memberikan hati kepada Tuhan atau menyingkirkan dosa, dan oleh itu ada tidak dapat mewarisi kerajaan Tuhan.

Makna Tidak Dapat Mewarisi Kerajaan Tuhan

Setakat ini kita telah melihat bukti kerja badaniah. Jadi, apakah alasan utama manusia melakukan kerja badaniah begini? Ini kerana mereka tidak mahu meletakkan Tuhan Pencipta dalam hati mereka. Ia diterangkan dalam Roma 1:28-32: " Dan kerana mereka tidak merasa perlu untuk mengakui Tuhan, maka Tuhan menyerahkan mereka kepada fikiran-fikiran yang terkutuk, sehingga mereka melakukan apa yang tidak pantas, penuh dengan rupa-rupa kezaliman, kejahatan, keserakahan dan kebusukan, penuh dengan dengki, pembunuhan, perselisihan, tipu muslihat dan kefasikan. Mereka adalah pengumpat, pemfitnah, pembenci Tuhan, kurang ajar, congkak, sombong, pandai dalam kejahatan, tidak taat kepada orang tua, tidak berakal, tidak setia, tidak penyayang, tidak mengenal belas kasihan. Sebab walaupun mereka mengetahui tuntutan-tuntutan hukum Tuhan, iaitu bahawa setiap orang yang melakukan hal-hal demikian, patut dihukum mati, mereka bukan saja melakukannya sendiri, tetapi mereka juga setuju dengan mereka yang melakukannya."

Ia sama seperti menyatakan bahawa anda tidak akan mewarisi kerajaan Tuhan jika anda mengamalkan kerja badaniah yang jelas. Tentulah ini tidak bermakna anda tidak boleh diselamatkan hanya kerana anda melakukan dosa beberapa kali disebabkan keimanan yang lemah.

Tidak benar bahawa penganut baru yang tidak mengetahui kebenaran dengan sepenuhnya atau orang yang mempunyai keimanan yang lemah tidak akan menerima penyelamatan, hanya kerana mereka belum menyingkirkan kerja badaniah. Semua manusia mempunyai ketidakadilan sehingga keimanan mereka matang, dan mereka boleh dimaafkan bagi dosa mereka dengan bergantung kepada darah Yesus. Tetapi jika mereka tetap melakukan kerja badaniah tanpa berpaling daripadanya, mereka tidak akan menerima penyelamatan.

Dosa Yang Membawa Maut

1 Yohanes 5:16-17 menyatakan, "Dan jikalau kita tahu, bahawa Dia mengabulkan apa saja yang kita minta, maka kita juga tahu, bahawa kita telah memperoleh segala sesuatu yang telah kita minta kepadaNya. Kalau ada seorang melihat saudaranya berbuat dosa, iaitu dosa yang tidak mendatangkan maut, hendaklah ia berdoa kepada Tuhan dan Dia akan memberikan hidup kepadanya, iaitu mereka, yang berbuat dosa yang tidak mendatangkan maut. Ada dosa yang mendatangkan maut: tentang itu tidak kukatakan, bahawa ia harus berdoa." Seperti yang dinyatakan, ada dosa yang membawa maut dan ada

yang tidak.

Jadi apakah dosa yang membawa maut, yang menyekat kita daripada hak mewarisi kerajaan Tuhan?

Ibrani 10:26-27 menyatakan, "Sebab jika kita sengaja berbuat dosa, sesudah memperoleh pengetahuan tentang kebenaran, maka tidak ada lagi korban untuk menghapus dosa itu, tetapi yang ada ialah kematian yang mengerikan akan penghakiman dan api yang dahsyat yang akan menghanguskan semua orang derhaka." Jika kita terus melakukan dosa walaupun kita tahu ia dosa, ia dianggap menentang Tuhan. Tuhan tidak memberikan roh taubat kepada orang begini.

Ibrani 6:4-6 juga menyatakan, "Sebab mereka yang pernah diterangi hatinya, yang pernah mengecap kurnia syurgawi, dan yang pernah mendapat bagian dalam Roh Kudus, dan yang mengecap firman yang baik dari Tuhan dan kurnia-kurnia dunia yang akan datang, namun yang murtad lagi, tidak mungkin dibaharui sekali lagi sedemikian, hingga mereka bertaubat, sebab mereka menyalibkan lagi Anak Tuhan bagi diri mereka dan menghinaNya di muka umum." Jika anda menentang Tuhan selepas mendengar kebenaran dan mengalami kerja Roh Kudus, roh taubat tidak akan diberikan, dan anda tidak akan diselamatkan.

Jika anda mengutuk kerja Roh Kudus sebagai kerja iblis atau bidaah, anda juga tidak boleh diselamatkan, kerana ia dianggap menghujat dan menentang Roh Kudus (Matius 12:31-32).

Kita perlu faham bahawa ada dosa yang tidak dapat diampunkan dan kita jangan sekali-kali melakukan dosa ini. Dosa kecil juga akan menjadi dosa besar jika ia terkumpul. Oleh itu, kita perlu mempunyai kebenaran dalam diri sepanjang masa.

5. Penggemburan

Penggemburan manusia merujuk kepada semua proses Tuhan menciptakan manusia di dunia dan mengawal sejarah manusia sehingga Hari Penghakiman, untuk mendapatkan anak-anak sejati.

Penggemburan adalah proses petani menyemai benih dan menuai menuai hasil tanamannya. Tuhan juga menanam benih pertama iaitu Adam dan Hawa di dunia untuk menuai anak-anak sejati melalui kerja kerasNya membesarkan mereka di dunia ini. Sehingga hari ini Dia menjalankan penggemburan manusia. Tuhan telah tahu bahawa akan korup dengan tidak patuh dan Dia akan bersedih. Tetapi Dia menggembur manusia hingga ke akhir kerana Dia tahu bahawa akan ada anak-anak sejati yang menyingkirkan kejahatan dengan kasih sayang mereka kepada Tuhan dan mempunyai hati Tuhan.

Manusia diciptakan daripada debu dari tanah, jadi mereka mempunyai sifat semula jadi seperti ciri-ciri tanah. Jika anda menyemai benih di atas tanah, ia akan bercambah, membesar dan membuahkan hasil. Kita dapat lihat bahawa tanah mempunyai kuasa untuk menghasilkan hidup baru. Sifat tanah juga akan berubah bergantung kepada apa yang anda tambah ke dalamnya. Ini sama dengan manusia. Orang yang selalu marah akan mempunyai lebih banyak kemarahan dalam sifat mereka. Orang yang selalu menipu akan mempunyai lebih banyak penipuan dalam sifat mereka. Selepas Adam melakukan dosa, dia dan anak cucunya menjadi manusia badaniah dan semakin tercela dengan dusta dengan cepat.

Atas sebab ini manusia perlu menggembur hati mereka dan mendapatkan semula hati roh melalui 'penggemburan manusia'. Manusia digemburkan di dunia adalah supaya mereka mempersiapkan hati mereka dan mendapatkan semula hati asli yang Adam miliki sebelum kejatuhannya. Tuhan telah memberikan perumpamaan yang berkaitan dengan penggemburan dalam Alkitab supaya kita dapat memahami kehendakNya bagi penggemburan manusia (Matius 13; Markus 4; Lukas 8).

Dalam Matius 13, Yesus menyamakan hati manusia dengan tepi jalan, padang berbatu, padang berduri dan tanah subur. Kita perlu memeriksa apakah jenis tanah diri kita ini dan menggemburkan tanah subur yang Tuhan inginkan.

Empat Jenis Padang-Hati

Pertama, tepi jalan adalah tanah keras yang sering kali dipijak oleh manusia. Ia bukanlah padang sebenar, dan tiada benih yang akan bercambah di sini. Tiada kerja kehidupan akan berlaku di sini.

Tepi jalan dari segi rohani merujuk kepada hati manusia

yang tidak menerima dakwah langsung. Hati mereka amat keras dengan ego dan bangga diri sehingga benih dakwah tidak akan disemai. Semasa zaman Yesus, para pemimpin Yahudi amat degil dengan pendapat sendiri dan tradisi sehinggakan mereka menolak Yesus dan dakwah. Hari ini, manusia yang mempunyai hati tepi jalan yang amat degil sehingga mereka tidak membuka minda dan menolak dakwah walaupun jika mereka ditunjukkan kuasa Tuhan.

Tepi jalan amat keras, dan benih tidak dapat ditanam dalam tanah. Jadi, burung akan datang dan memakan benih ini. Di sini, burung merujuk kepada Syaitan. Syaitan merampas Firman Tuhan supaya manusia tidak akan mendapat keimanan. Mereka datang ke gereja atas desakan orang lain, tetapi mereka tidak mahu percaya Firman Tuhan yang didakwahkan. Mereka lebih suka menghakimi paderi atau mesej yang disampaikan berdasarkan pendapat mereka sendiri. Orang yang mempunyai hati yang keras dan tidak membuka hati mereka tidak akan menerima penyelamatan kerana benih Firman tidak akan membuahkan hasil.

Kedua, padang berbatu adalah lebih baik daripada tepi jalan. Manusia seperti tepi jalan tidak mempunyai niat untuk menerima Firman Tuhan, tetapi orang yang seperti padang berbatu memahami Firman Tuhan yang didengarinya. Jika anda menyemai benih di atas padang berbatu, ia akan bercambah di sana sini, tetapi tidak akan tumbuh dengan baik. Markus 4:5-6 menyatakan, "Sebahagian jatuh di tanah yang berbatu-batu, yang tidak banyak tanahnya, lalu benih itu pun segera tumbuh, kerana tanahnya tipis. Tetapi sesudah matahari terbit, layulah ia dan menjadi kering kerana tidak berakar."

Orang yang mempunyai hati padang berbatu memahami Firman Tuhan tetapi tidak dapat menerimanya dengan keimanan. Markus 4:17 menyatakan, "...tetapi mereka tidak berakar dan tahan sebentar saja. Apabila kemudian datang penindasan atau penganiayaan kerana firman itu, mereka segera murtad." Di sini, 'firman' merujuk kepada Firman Tuhan yang memberitahu kita perkara seperti, "Menghormati hari Sabat, memberi sedekah, tidak memuja patung, melayan orang lain dan merendah diri." Apabila mereka mendengar Firman Tuhan, mereka fikir mereka akan mematuhi FirmanNya, tetapi mereka tidak bertekun apabila berhadapan dengan kesusahan. Mereka bersuka cita apabila menerima kasih kurnia Tuhan, tetapi dalam masa kesusahan sikap mereka akan berubah. Mereka telah mendengar dan mengetahui FirmanNya, tetapi mereka tidak mempunyai kekuatan untuk mengamalkannya kerana Firman Tuhan tidak digembur dalam hati mereka sebagai keimanan sebenar.

Ketiga, orang yang mempunyai hati padang berduri memahami Firman Tuhan dan mula mengamalkannya. Tetapi mereka tidak dapat mengamalkan Firman Tuhan secara sepenuhnya, dan tidak membuahkan hasil. Markus 4:19 menyatakan, "...lalu kekhuatiran dunia ini dan tipu daya kekayaan dan keinginan-keinginan akan hal yang lain masuklah menghimpit firman itu sehingga tidak berbuah."

Orang yang mempunyai hati-ladang begini kelihatan seperti penganut baik yang mengamalkan Firman Tuhan, tetapi mereka masih mengalami ujian dan kesusahan, dan pertumbuhan rohani mereka perlahan. Ini kerana mereka tidak mengalami kerja Tuhan sebenar, dan diperdaya oleh kerisauan dunia, dan diperdaya kekayaan, dan juga keinginan untuk benda-benda lain. Contohnya, katakanlah perniagaan mereka muflis dan katakanlah mereka masuk ke penjara. Di sini, jika situasi membenarkan mereka membayar balik hutang dengan sedikit suai manfaat, dan Syaitan memperdaya mereka melalui hal ini, dan mereka berkemungkinan besar akan terpedaya. Tuhan hanya akan dapat membantu mereka jika mereka berjalan di jalan yang benar tidak kira betapa beratnya, tetapi mereka terpedaya dengan pujukan Syaitan.

Walaupun jika mereka mempunyai keinginan untuk mematuhi Firman Tuhan, mereka tidak akan patuh dengan keimanan kerana minda mereka dipenuhi fikiran kemanusiaan. Mereka berdoa yang mereka meletakkan segala-galanya di tangan Tuhan, tetapi mereka sebenarnya menggunakan teori dan pengalaman sendiri terlebih dahulu. Mereka melakukan pelan sendiri terlebih dahulu, jadi keadaan tidak berjalan lancar bagi mereka, walaupun pada mulanya ia kelihatan baik sahaja. Yakobus 1:8 menyatakan bahawa manusia begini mempunyai hati berbelah bagi.

Apabila ia hanya kecambah pada duri, nampaknya seperti tiada apa-apa masalah. Tetapi jika ia membesar, situasi ini akan berbeza. Ia akan membentuk belukar dan menghalang benih lain yang baik daripada tumbuh. Oleh itu, jika ada elemen yang menghalang kita daripada mematuhi Firman Tuhan, kita perlu menariknya keluar dengan serta-merta walaupun ia kelihatan seperti tidak penting.

Keempat, tanah yang baik adalah tanah yang subur dan digemburkan dengan baik oleh petani. Tanah yang keras digembur, dan batu serta duri dibuang. Ini bermakna anda menahan diri daripada melakukan yang dilarang oleh Tuhan dan menyingkirkan perkara yang Tuhan suruh kita singkirkan. Tidak ada batu atau halangan lain, dan apabila Firman Tuhan jatuh ke atasnya, ia menghasilkan buah 30, 60 atau 100 kali ganda berbanding apa yang disemai. Manusia seperti ini akan menerima jawapan kepada doa mereka.

Untuk memeriksa betapa hati kita digembur menjadi tanah yang baik, kita akan dapat lihat melalui betapa kita mengamalkan Firman Tuhan. Lebih banyak tanah baik yang digemburkan, lebih mudah untuk kita hidup berpandukan Firman Tuhan. Sesetengah orang mengetahui Firman Tuhan, tetapi mereka tidak dapat mengamalkan firman disebabkan kepenatan, kemalasan, fikiran dusta dan keinginan. Orang yang mempunyai hati tanah yang baik tidak mempunyai halangan begini, jadi mereka faham dan mengamalkan Firmaan Tuhan sebaik sahaja mereka mendengarnya. Apabila mereka menyedari sesuatu adalah kehendak Tuhan dan menyenangkan hati Tuhan, mereka terus melakukannya.

Apabila anda menggemburkan hati, anda akan mula menyukai orang yang dahulunya anda benci. Anda kini dapat memaafkan orang yang anda tidak dapat maafkan sebelum ini. Iri hati dan penilaian akan bertukar menjadi kasih sayang dan belas kasihan. Hati yang angkuh akan bertukar menjadi rendah diri dan khidmat. Untuk menyingkirkan kejahatan dengan cara ini, untuk menyunatkan hati adalah untuk menggemburkan hati seseorang dan menjadikannya tanah yang baik. Kemudian, apabila benih Firman Tuhan jatuh ke atas hati tanah yang baik ini, ia akan bercambah dan membesar dengan cepat menjadi sembilan buah Roh Kudus, dan buah Cahaya.

Apabila anda mengubah hati menjadi tanah yang baik, anda akan menerima keimanan rohani dari atas. Anda juga boleh berdoa dengan tekun untuk membawa turun kuasa Tuhan dari atas, mendengar suara Roh Kudus dengan jelas dan memenuhi kehendak Tuhan. Manusia begini adalah buah yang ingin Tuhan tuai melalui penggemburan manusia.

Sifat-sifat Bekas: Ladang Hati

Satu elemen penting dalam menggemburkan hati adalah sifat-sifat bekas. Sifat bekas berkat dnegan sifat bahan bekas. Ia menunjukkan kepada kita bagaimana seseorang mendengar Firman Tuhan, menyimpan Firman dalam hatinya, dan mengamalkannya. Alkitab memberikan perumpamaan bekas emas, perak, kayu atau tanah liat (2 Timotius 2:20-21).

Mereka semua mendengar Firman Tuhan yang sama, tetapi mereka tidak mendapat mesej yang sama. Ada yang menerimanya dengan menyebut 'Amin' manakala ada yang membiarkannya kerana ia tidak sesuai dengan pemikiran mereka. Ada yang mendengar Firman dengan hati yang tekun dan cuba mengamalkannya manakala ada yang berasa mendapat rahmat daripada mesej tetapi akhirnya melupakannya.

Perbezaan ini datang daripada perbezaan sifat-sifat bekas. Jika anda fokus kepada Firman Tuhan yang anda dengar, ia akan ditanam dalam hati anda secara berbeza berbanding jika anda mendengar Firman Tuhan semasa sedang mengantuk atau tidak fokus. Walaupun jika anda mendengar mesej yang sama, hasilnya akan berbeza antara menyimpannya dalam lubuk hati atau hanya mendengar secara sambil lewa.

Kisah Para Rasul 17:11 menyatakan, "Orang-orang Yahudi di kota itu lebih baik hatinya dari pada orang-orang Yahudi di Tesalonika, karena mereka menerima firman itu dengan segala kerelaan hati dan setiap hari mereka menyelidiki Kitab Suci untuk mengetahui, apakah semuanya itu benar demikian," dan Ibrani 2:1 memberitahu kita, "Kerana itu harus lebih teliti kita memperhatikan apa yang telah kita dengar, supaya kita jangan hanyut dibawa arus."

Jika anda mendengar Firman Tuhan dengan tekun, mengingatinya, dna mengamalkannya seperti sedia ada, anda boleh dikatakan mempunyai sifat bekas yang baik. Orang yang mempunyai sifat bekas yang baik adalah taat dnegan Firman Tuhan, jadi mereka dengan cepat akan menggemburkan hati tanah yang subur. Jadi apabila mereka mempunyai hati tanah yang subur, mereka akan menyimpan Firman Tuhan dalam lubuk hati mereka dan mengamalkannya.

Sifat bekas yang baik membantu menggemburkan tanah yang subur, dan tanah yang subur membantu menggemburkan sifat bekas yang baik. Seperti yang dinyatakan dalam Lukas 2:19, "Tetapi Maria menyimpan segala perkara itu di dalam hatinya dan merenungkannya," Maria Suci mempunyai bekas yang baik untuk menyimpan Firman Tuhan dalam mindanya, dan dia menerima rahmat mengandungkan Yesus oleh Roh Kudus.

1 Korintus 3:9 menyatakan, "Kerana kami adalah kawan sekerja Tuhan; kamu adalah ladang Tuhan, bangunan Tuhan." Kita adalah ladang yang sedang digemburkan oleh Tuhan. Kita boleh mempunyai hati yang bersih dan baik seperti tanah yang baik dan bekas yang baik seperti bekas emas, dan digunkaan untuk tujuan murni oleh Tuhan jika kita mendengar dan menyimpan Firman Tuhan dalam minda dan mengamalkannya.

Sifat-sifat Hati: Saiz Bekas

Ada satu lagi konsep yang berkaitan dengan sifat-sifat bekas. Ini adalah tentang bagaimana seseorang boleh membesarkan dan menggunakan hatinya. Sifat bekas adalah berkenaan bahan bekas manakala sifat hati adalah berkenaan saiz bekas. Ia boleh dibahagikan kepada empat jenis.

Kategori pertama adalah orang yang buat melebihi apa yang mereka patut lakukan. Ini adalah sifat hati yang paling baik. Contohnya, ibu bapa meminta anak mengutip sampah di atas lantai. Kemudian, anak bukan sahaja memungut sampah tetapi juga membersihkan bilik. Mereka melepasi jangkaan ibu bapa mereka, dan memberikan kegembiraan kepada ibu bapa mereka. Stefanus dan Filipa adalah paderi kecil yang bukan sahaja setia dan suci seperti hawari. Mereka amat menyenangkan pada pandangan mata Tuhan dan membuat kerja berkuasa, tanda dan mukjizat.

Kategori kedua adalah orang melakukan apa yang mereka

patut lakukan. Manusia begini bertanggungjawab, tetapi mereka tidak begitu kisah tentang orang lain atau persekitaran mereka. Jika mereka diminta mengutip sampah, mereka hanya akan mengutip sampah. Mereka patut dipuji kerana patuh, tetapi mereka tidak akan membawa kegembiraan kepada Tuhan. Ada penganut termasuk ke dalam kategori ini di gereja; mereka hanya memenuhi tugas mereka dan tidak mengambil kisah tentang orang lain. Manusia begini tidak akan menjadi sumber kegembiraan di mata Tuhan.

Kategori ketiga adalah orang yang melakukan sesuatu dengan terbeban perasan bertanggungjawab. Mereka tidak memenuhi tanggungjawab dengan kegembiraan dan kesyukuran tetapi dengan merungut dan tidak rela. Manusia begini amat negatif dalam semua perkara dan mereka kedekut dalam mengorbankan diri dan membantu orang lain. Jika mereka diberikan tugas tertentu, mereka akan menjalankannya dnegan rasa bertanggungjawab, tetapi mereka akan menyusahkan orang lain. Tuhan melihat hati kita. Dia gembira jika kita menyelesaikan tugas dengan rela demi kasih sayang untuk Tuhan, dan bukannya berasa terpaksa atau dengan rasa bertanggungjawab.

Kategori keempat adalah orang yang membuat kejahatan. Manusia begini tidak mempunyai sifat tugas atau rasa tanggungjawab. Mereka juga tidak mempertimbangkan orang lain. Mereka berkeras dengan pendapat dan teori sendiri dan menyusahkan orang lain. Jika manusia begini adalah paderi atau pemimpin yang menjaga kebajikan ahli gereja, mereka tidak akan dapat menjaga ahli dengan kasih sayang, dan akan kehilangan jiwa atau membuatkan mereka tersadung. Mereka akan sentiasa menyalahkan orang lain atas sesuatu yang berlaku dan akhirnya berhenti melakukan kerja. Oleh itu, lebih baik mereka tidak diberikan tugas langsung.

Mari kita lihat apakah jenis hati yang kita ada. Walaupun jika hati kita tidak cukup besar, kita boleh mengubahnya menjadi hati yang lebih besar. Untuk melakukan hal ini, kita perlu menyucikan hati dan mempunyai sifat bekas yang baik. Kita tidak boleh hanya mempunyai sifat hati yang baik dan pada masa yang sama mempunyai sifat bekas yang jahat. Ini juga cara untuk menggemburkan sifat baik hati jika kira mengorbankan diri dengan ketekunan dan semangat dalam semua kerja.

Orang yang mempunyai sifat hati yang baik akan dapat melakukan perkara hebat di hadapan Tuhan dan memberikan keagungan kepada Tuhan. Ini sama dengan kisah Yusuf. Yusuf dijual ke Mesir oleh abangnya sendiri, dan menjadi hamba Potiphar, kapten pengawal Firaun. Dia tidak bersedih dengan hidupnya, hanya kerana dia dijual sebagai hamba. Dia melaksanakan tugas dengan setia sehinggakan dia dipercayai oleh tuannya, dan dia diberikan tugas menyelia semua perkara di dalam rumah. Kemudian, dia menerima pertuduhan yang salah dan dipenjarakan, tetapi dia masih setia seperti dahulu, dan akhirnya menjadi perdana menteri Mesir. Dia menyelamatkan negara dan keluarganya daripada banjir besar dan membina asas untuk pembentukan negara Israel.

Jika dia tidak mempunyai sifat hati yang baik, dia tentu

hanya akan melakukan kerja yang disuruh oleh tuannya. Dia mungkin akan mati sebagai seorang hamba di Mesir atau hidup dalam penjara. Tetapi Yusuf digunakan oleh Tuhan kerana dia melakukan yang terbaik pada pandangan Tuhan dalam setiap keadaan dan bertindak dengan hati yang besar.

Gandum atau Jerami?

Tuhan telah menggembur manusia untuk tempoh yang lama dalam ruang fizikal ini sejak kejatuhan Adam. Apabila tiba masanya, Dia akan mengasingkan gandum daripada jerami dan membawa gandum masuk ke kerajaan syurga dan jerami ke Neraka. Matius :12 menyatakan, "Alat penampi sudah ditanganNya. Ia akan membersihkan tempat pengirikanNya dan mengumpulkan gandum-Nya ke dalam lumbung, tetapi debu jerami itu akan dibakar-Nya dalam api yang tidak terpadamkan.'"

Di sini, gandum merujuk kepada orang yang mengasihi Tuhan dan mengamalkan FirmanNya untuk hidup dalam kebenaran. Sebaliknya, orang yang tidak hidup dalam Firman Tuhan tetapi dalam kejahatan dan tidak menurut kebenaran, dan orang yang tidak menerima Yesus Kristus dan melakukan kerja badaniah, akan tergolong dalam kumpulan jerami.

Tuhan mahu semua orang menjadi gandum dan menerima penyelamatan (1 Timotius 2:4). Sama seperti petani yang mahu menuai hasil daripada semua benih yang ditanamnya di ladang. Namun pada masa menuai tentu akan ada jerami, dan sama juga, tidak smeua orang dalam penggemburan manusia akan menjadi gandum yang boleh diselamatkan.

Jika kita tidak menyedari hal ini dalam penggemburan manusia, akan ada orang yang bertanyakan soalan seperti, "Dikatakan bahawa Tuhan adalah kasih sayang, jadi mengapakah Dia akan menyelamatkan sesetengah orang dan membiarkan orang lain musnah?" Penyelamatan individu bukanlah sesuatu yang ditentukan oleh Tuhan sesuka hatiNya. Ini adalah bergantung kepada kehendak bebas setiap manusia. Semua orang yang hidup dalam ruang fizikal perlu memilih sama adake Syurga atau ke Neraka.

Yesus menyatakan dalam Matius 7:21, "Bukan setiap orang yang berseru kepadaKu: Tuhan, Tuhan! akan masuk ke dalam Kerajaan Syurga, melainkan dia yang melakukan kehendak BapaKu yang di syurga" dan dalam Matius 13:49-50, "Demikianlah juga pada akhir zaman: Malaikat-malaikat akan datang memisahkan orang jahat dari orang benar, lalu mencampakkan orang jahat ke dalam dapur api; di sanalah akan terdapat ratapan dan kertakan gigi."

Di sini, 'orang benar' merujuk kepada penganut. Ini bermakna Tuhan akan mengasingkan jerami daripada gandum di kalangan penganut. Walaupun mereka menerima Yesus Kristus dan menghadiri gereja, mereka masih mempunyai kejahatan jika mereka tidak mengikut kehendak Tuhan. Mereka hanyalah jerami yang akan dihumban ke dalam api Neraka.

Tuhan mengajarkan kita tentang hati Tuhan Pencipta, takdir penggemburan manusia dan tujuan hidup sebenar melalui

Alkitab. Dia mahu kita mempunyai sifat bekas yang baik dan sifat hati yang baik, dna maju sebagai anak-anak Tuhan yang sejati—iaitu gandum dalam kerajaan syurga. Tetapi berapa ramai orang yang mengejar perkara tidak bermakna dalam dunia ini yang dipenuhi dosa dan huru-hara? Ini kerana mereka dikawal oleh jiwa.

Roh, Jiwa dan Jasad: Jilid 1

Bahagian
2

Pembentukan Jiwa
(Operasi Jiwa di dalam Ruangan Fizikal)

Dari manakah datangnya fikiran manusia?
Adakah Jiwa Saya Makmur?

"Kami mematahkan setiap siasat orang
dan merobohkan setiap kubu yang dibangun oleh keangkuhan manusia
untuk menentang pengenalan akan Tuhan,
Kami menawan segala fikiran
dan menaklukkannya kepada Kristus,
Dan kami siap sedia juga untuk menghukum setiap kedurhakaan
bila ketaatan kamu telah menjadi sempurna."
(2 Korintus 10:5-6)

Bab 1
Pembentukan Jiwa

Sejak roh manusia mati, jiwa mengambil alih sebagai tuan manusia semasa kita hidup dalam ruang fizikal. Jiwa berada di bawah pengaruh Syaitan, dan manusia mempunyai pelbagai operasi jiwa.

1. Definisi Jiwa

2. Pelbagai Operasi Jiwa dalam Ruang Fizikal

3. Kegelapan

Kita dapat lihat keagungan ciptaan Tuhan apabila kita melihat ciptaan seperti kelawar yang mencari mangsa dalam sistem lokasi gema; apabila kita melihat ikan salmon dan pelbagai jenis burung merantau beribu-ribu batu untuk kembali ke tempat lahir atau pembiakan, dan burung belatuk yang mematuk kayu sehingga 1,000 kali dalam tempoh satu minit. Manusia diciptakan untuk tidak mampu melakukan semua hal ini. Keadaan fizikal luaran manusia tidaklah sekuat singa atau harimau. Deria dengar dan hidu mereka tidak sebaik anjing. Namun, manusia dinamakan sebagai tuan semua makhluk. Ini kerana manusia mempunyai roh dan kuasa berfikir secara wajar dengan fungsi otak pada tahap lebih tinggi. Manusia mempunyai kecerdikan dan mereka boleh membentuk sains dan tamadun untuk memerintah semua benda. Ini adalah bahagian pemikiran manusia yang dikaitkan dengan 'jiwa'.

1. Definisi Jiwa

Alat memori dalam otak, pengetahuan yang terkandung dalam memori, dan fikiran yang dihasilkan dengan mendapatkan semula pengetahuan, semua ini dinamakan 'jiwa'.

Sebabnya kita perlu mempunyai pemahaman yang jelas berkenaan hubungan roh, jiwa dan tubuh adalah supaya kita memahami operasi jiwa dengan betul. Dengan cara ini, kita akan mendapatkan semula jenis operasi jiwa yang Tuhan mahukan. Supaya kita tidak dikawal Syaitan melalui jiwa, roh kita mesti menjadi tuan dan memerintah jiwa.

The Merriam-Webster's Dictionary mendefinisikan 'jiwa' sebagai 'inti pati bukan materi, prinsip yang memberi galakan, atau menyebabkan penyebab dalam hidup seseorang individu; prinsip rohani yang yang tersemadi dalam manusia, makhluk yang rasional dan rohani, atau alam semesta'. Tetapi makna Alkitab jiwa adalah berbeza.

Tuhan memasukkan alat memori dalam otak manusia. Otak mempunyai fungsi untuk mengingat. Dengan cara ini manusia boleh memasukkan pengetahuan ke dalam alat penyimpan dan mendapatkan ingatan ini semula. Apa kandungan alat memori ini dikembalikan, ia dinamakan 'fikiran'. Fikiran adalah mendapatkan semula dan mengingati perkara yang telah dimasukkan ke dalam memori. Alat memori, pengetahuan yang terkandung di dalamnya, dan mendapatkan semula pengetahuan apabila diambil secara keseluruhan dinamakan 'jiwa'.

Jiwa manusia dapat dibandingkan dengan menyimpan data, mencarinya, dan menggunakannya dalam komputer. Manusia mempunyai jiwa supaya mereka dapat mengingat dan berfikir, jadi jiwa adalah penting seperti hati untuk manusia.

Berdasarkan berapa banyak data yang dilihat, didengar dan dimasukkan, serta betapa banyak dia mengingat dan menggunakan data, ini akan membentuk kuasa memori dan kebijaksanaan yang berbeza daripada orang lain. Kuotien Kebijaksanaan atau IQ ditentukan dari segi genetik, tetapi ia juga boleh ditukarkan dengan cara belajar atau melalui pengalaman. Walaupun dua orang dilahirkan dengan tahap IQ yang sama, IQ mereka boleh jadi berbeza bergantung kepada berapa banyak mereka mencuba.

Kepentingan Operasi Jiwa

Operasi jiwa menjadi berbeza bergantung kepada jenis kandungan yang kita masukkan dalam alat memori. Manusia melihat, mendengar dan merasakan perkara dan mengingati banyak perkara setiap hari. Mereka kemudiannya mengingati semua perkara untuk merancang masa hadapan atau untuk membuat pertimbangan dan menentukan apa yang betul dan salah.

Tubuh adalah seperti bekas yang mengandungi roh dan jiwa. Jiwa memainkan peranan penting dalam membentuk sikap, personaliti dan standard pengadilan seseorang, melalui fungsi 'pemikiran'. Kejayaan atau kegagalan seseorang bergantung kepada operasi jiwa seseorang.

Ini adalah insiden yang yang berlaku di sebuah kampung dinamakan Kodamuri, 110 km tenggara Kolkat, India, pada tahun 1920. Paderi Singh dan isterinya adalah mubaligh di sini, dan mereka mendengar daripada orang tempatan tentang raksasa yang seperti manusia, dan hidup bersama serigala di dalam gua. Apabila Paderi Singh menangkap raksasa ini, mereka sebenarnya adalah dua orang budak perempuan.

Menurut jurnal Paderi Singh, budak-budak perempuan ini nampak sahaja seperti manusia. Kelakuan mereka adalah seperti serigala. Salah seorang daripada mereka meninggal dunia, dan yang seorang lagi bernama Gamara tinggal bersama keluarga Singh selama sembilan tahun dan meninggal akibat keracunan darah yang digelar uremia.

Pada waktu siang Gamara akan menghadap dinding dalam bilik yang gelap, dan tanpa bergerak langsung, akan tertidur. Tetapi pada waktu malam, dia akan merangkak di dalam rumah dan meraung kuat seperti serigala sebenar. Dia akan menjilat makanan dan makan tanpa menggunakan tangan. Dia akan berlari dengan empat 'tapak kaki' menggunakan tangannya seperti serigala. Jika kanak-kanak mendekatinya, dia akan menunjukkan gigi sambil mengeram dan pergi dari situ.

Pasangan Singh cuba menjadikan gadis serigala ini seperti manusia biasa, tetapi bukan mudah. Hanya selepas tiga tahun barulah dia makan dengan tangan, dan selepas lima tahun baru dia dapat menunjukkan ekspresi wajah, seperti sedih atau gembira. Emosi yang dapat ditunjukkan oleh Gamara sebelum dia meninggal dunia amatlah terhad, yang sama seperti anjing yang menggoyangkan ekor untuk menunjukkan kegembiraan apabila melihat tuannya.

Kisah ini memberitahu kita bahawa jiwa manusia mempunyai pengaruh terus untuk menjadikan manusia itu manusia. Gamara membesar melihat kelakuan serigala. Dia tidak dapat memasukkan pengetahuan yang diperlukan oleh manusia, dan jiwanya tidak dapat berkembang. Kerana dia dibesarkan oleh serigala, dia tidak dapat menahan diri daripada berkelakuan seperti serigala.

Perbezaan Antara Manusia dan Haiwan

Manusia mempunyai jiwa, roh dan jasad. Aspek yang paling penting adalah roh. Roh manusia diberikan oleh Tuhan yang merupakan roh, dan ia tidak akan dapat dipadamkan. Jasad akan musnah dan kembali menjadi debu, tetapi roh dan jiwa kekal dan akan bersama-sama pergi ke Syurga atau Neraka.

Apabila Tuhan menciptakan haiwan, Dia tidak memberikan haiwan nafas kehidupan seperti manusia, jadi haiwan hanya mempunyai jasad dan jiwa. Haiwan juga mempunyai unit memori di dalam otak. Haiwan dapat mengingati apa yang dilihat dan didengari dalam hidupnya. Tetapi kerana ia tidak mempunyai roh, ia tidak ada hati rohani. Apa yang dilihat dan didengari akan terkandung hanya dalam unit simpanan memori dalam sel otak.

Pengkhutbah 3:21 menyatakan, "Siapakah yang mengetahui, apakah nafas manusia naik ke atas dan nafas binatang turun ke bawah bumi?" Ayat ini menyatakan 'nafas manusia.' Perkataan 'nafas', yang bermakna jiwa manusia, digunakan kerana pada zaman Perjanjian Lama sebelum Yesus datang ke dunia, roh yang berada dalam manusia adalah 'mati'. Oleh itu, sama ada seseorang itu diselamatkan atau tidak, apabila seseorang meninggal dunia, dikatakan bahawa 'nafas' atau 'jiwa' telah meninggalkan mereka. Jiwa manusia 'naik ke atas' bermakna jiwa mereka tidak hilang tetapi pergi ke Syurga atau Neraka. Sebaliknya, jiwa haiwan akan turun ke bumi, yang bermakna ia akan hapus. Sel otak mati apabila haiwan mati dan kandungan dalam otak juga turut terhapus. Mereka tidak lagi mempunyai operasi jiwa. Dalam banyak mitos dan kisah, kucing hitam atau ular membalas dendam terhadap manusia, tetapi kisah begini tidak boleh dianggap benar.

Haiwan mempunyai operasi jiwa, tetapi ia operasi terhad yang perlu untuk kemandirian mereka. Ini adalah kesan naluri. Mereka tidak lagi mempunyai operasi jiwa. Haiwan mungkin akan melawan atau menunjukkan ketakutan apabila diancam tetapi ia tidak akan membalas dendam. Haiwan tidak mempunyai roh, dan ia tidak akan dapat mencari Tuhan Adakah ikan akan berfikir tentang cara untuk bertemu Tuhan semasa ia berenang? Namun, manusia mempunyai dimensi operasi jiwa yang berbeza, yang lebih rumit berbanding haiwan. Manusia mempunyai kebolehan untuk memikirkan perkara yang bukan sahaja menurut naluri untuk kemandirian. Manusia dapat membangunkan tamadun, memikirkan makna kehidupan atau membentuk falsafah atau idea keagamaan.

Manusia mempunyai operasi jiwa pada dimensi lebih tinggi kerana, sebagai tambahan kepada jasad dan jiwa, mereka juga mempunyai roh. Orang yang tidak percaya dengan Tuhan juga mempunyai roh. Ia menerangkan sedikit sebanyak bagaimana mereka dapat rasakan kewujudan dunia rohani dan mempunyai sedikit ketakutan berkenaan kehidupan selepas mati. Dengan roh yang mati mereka dikawal sepenuhnya oleh jiwa. Dengan dikawal oleh jiwa, mereka melakukan dosa dan akhirnya akan masuk ke Neraka.

Manusia Jiwa

Apabila Adam diciptakan, dia adalah makhluk roh yang berkomunikasi dengan Tuhan. Rohnya adalah tuannya dan jiwanya adalah seperti hamba yang patuh kepada roh. Tentu sekali, jiwa juga mempunyai fungsi mengingat dan berfikir, tetapi kerana tiada dusta atau pemikiran jahat, jiwa hanya menurut arahan yang diberikan oleh roh yang menurut Firman Tuhan.

Tetapi selepas Adam makan daripada pokok pengetahuan kebaikan dan kejahatan dan rohnya mati, dia menjadi manusia jiwa yang dikawal oleh Syaitan. Dia mula memasukkan pemikiran dan tindakan dusta. Manusia kini semakin lama semakin menjauhkan diri daripada kebenaran, kerana Syaitan mengawal jiwa dan memimpin mereka ke jalan dusta. Oleh itu, manusia jiwa adalah manusia yang mana rohnya telah mati dan tidak dapat menerima pengetahuan roh daripada Tuhan.

Manusia jiwa yang rohnya telah mati tidak dapat menerima penyelamatan. Inilah yang berlaku kepada Ananias dan Safira pada zaman gereja awal. Mereka percaya kepada Tuhan, tetapi mereka tidak mempunyai keimanan sebenar. Mereka dihasut oleh Syaitan untuk menipu Roh Kudus dan Tuhan. Apa yang berlaku kepada mereka?

Kisah Para Rasul 5:4-5 menyatakan, "' Engkau bukan mendustai manusia, tetapi mendustai Tuhan.' Ketika mendengar perkataan itu rebahlah Ananias dan putuslah nyawanya. Maka sangatlah ketakutan semua orang yang mendengar hal itu."

Kerana ia hanya menyatakan 'dia menghembuskan nafas terakhir', kita boleh simpulkan bahawa dia tidak diselamatkan. Sebaliknya, Stefanus merupakan manusia roh yang menurut kehendak Tuhan. Dia mempunyai kasih sayang yang cukup besar, untuk berdoa bagi orang yang merejamnya. Dia menyerahkan 'roh' ke tangan Yesus semasa dia disyahidkan.

Kisah Para Rasul 7:59 menyatakan, " Sedang mereka melemparinya Stefanus berdoa, katanya: „Ya Tuhan Yesus, terimalah rohku!'" Dia menerima Roh Kudus dengan menerima Yesus Kristus dan rohnya telah dibangkitkan, dan dia berdoa "...terimalah roh saya!" Ini bermakna dia telah diselamatkan. Ada ayat yang menyatakan 'hidup' dan bukan 'jiwa' atau 'roh'. Apabila Elia membangkitkan semula anak janda Zarepat, ia menyatakan bahawa hidup anak ini kembali. " TUHAN mendengarkan permintaan Elia itu, dan nyawa anak itu pulang ke dalam tubuhnya, sehingga ia hidup kembali" (1 Raja-raja 17:22).

Seperti yang dinyatakan, semasa zaman Perjanjian Lama, orang tidak menerima Roh Kudus, dan roh mereka tidak akan dibangkitkan. Oleh itu, Alkitab tidak menyatakan 'roh' walaupun anak itu diselamatkan.

Mengapakah Tuhan Memerintahkan untuk Memusnahkan Semua Amalekit?

Apabila anak-anak Israel keluar dari Mesir dan berjalan menuju Kanaan, tentera Amalekit menghalang perjalanan mereka. Mereka tidak takut dengan Tuhan yang bersama anak-anak Israel walaupun selepas mendengar tentang kerja hebat Tuhan yang ditunjukkan di Mesir. Mereka menyerang anak Israel di bahagian belakang semasa mereka letih dan lesu (Ulangan 25:17-18).

Tuhan memerintahkan Raja Saul untuk memusnahkan semua

orang Amalekit disebabkan hal itu (1 Samuel bab 15). Tuhan memerintahkan dia untuk membunuh semua lelaki, wanita dan kanak-kanak, muda dan tua, serta ternakan mereka juga.

Jika kita tidak mempunyai pemahaman tentang roh, kita tidak akan dapat memahami perintah begini. Anda mungkin tertanya-tanya, "Tuhan adalah kebaikan dan Dia adalah kasih sayang. Mengapakah dia memberikan perintah untuk membunuh manusia dengan kejam seolah-olah mereka haiwan?"

Tetapi jika anda memahami kepentingan rohani insiden ini, anda akan memahami mengapa Tuhan memberikan perintah ini. Haiwan juga mempunyai kuasa ingatan, jadi apabila mereka dilatih mereka akan ingat dan patuh kepada tuan. Tetapi kerana mereka tidak mempunyai roh, mereka akan kembali kepada tanah. Mereka tidak mempunyai nilai di mata Tuhan. Sama juga, manusia yang rohnya telah mati dan tidak dapat diselamatkan akan masuk ke Neraka, seperti haiwan yang tiada roh, mereka tidak bernilai bagi Tuhan.

Kaum Amalekit terutamanya amat licik dan kejam. Tidak kiralah berapa lama lagi masa yang diberikan kepada mereka, mereka tiada peluang untuk kembali atau bertaubat. Jika ada antara mereka yang benar atau sesiapa yang mempunyai kemungkinan untuk bertaubat atau berpaling dari jalan mereka, Tuhan sudah tentu akan cuba menyelamatkan mereka dengan apa juga cara. Ingatlah janji Tuhan yang Dia tidak akan memusnahkan Sodom dan Gomorrah yang dipenuhi dosa jika hanya ada 10 orang yang benar dalam bandar ini.

Tuhan Maha Mengasihani dan tidak mudah marah. Tetapi bagi orang Amalekit, mereka tidak mempunyai peluang untuk menerima penyelamatan tidak kira berapa banyak masa yang diberikan kepada mereka. Mereka bukanlah gandum tetapi berkas yang akan masuk ke penderitaan. Itu sebabnya Tuhan memerintahkan untuk memusnahkan Amalekit yang telah menentang Tuhan.

Pengkhutbah 3:18 menyatakan, "Tentang anak-anak manusia aku berkata dalam hati: „Tuhan hendak menguji mereka dan memperlihatkan kepada mereka bahawa mereka hanyalah binatang.'" Apabila Tuhan menguji mereka, mereka sama sahaja seperti haiwan. Orang yang rohnya telah mati hanya berfungsi dengan jiwa dan badan, jadi mereka bertindak seperti haiwan. Dalam dunia yang dipenuhi dosa hari ini, ada ramai orang yang lebih teruk daripada haiwan. Mereka jelas sekali tidak dapat diselamatkan. Dari satu segi, haiwan mati dan musnah. Sebaliknya, jika mereka tidak diselamatkan, mereka mesti masuk ke Syurga. Akhirnya, mereka adalah lebih teruk daripada haiwan.

2. Pelbagai Operasi Jiwa dalam Ruang Fizikal

Dalam manusia asal, roh adalah tuan kepada manusia, tetapi disebabkan dosa Adam, rohnya mati. Tenaga rohani mula mengalir keluar, dan tenaga badaniah menggantikannya. Sejak itu operasi jiwa milik dusta bermula.

Ada dua jenis operasi jiwa. Satu adalah milik badaniah dan satu lagi milik roh. Semasa Adam hidup sebagai roh hidup, ia dibekalkan hanya kebenaran terus dari Tuhan. Dengan cara ini, dia hanya mempunyai operasi jiwa milik rohani. Ini dinamakan operasi jiwa milik kebenaran. Tetapi apabila rohnya mati, operasi jiwa milik dusta akan bermula.

Lukas 4:6 menyatakan, "Semua kekuasaan dan kekayaan ini akan saya serahkan kepadaMu," kata Iblis kepada Yesus, „sebab semuanya sudah diberikan kepada saya dan saya dapat memberikannya kepada siapa saja yang saya suka berikan.'" Ini adalah kejadian di mana iblis sedang menguji Yesus. Iblis menyatakan yang kuasa telah diberikan kepadanya, dan bukannya dia memiliki kuasa sejak awal lagi. Adam dicipta sebagai penguasa segala makhluk, tetapi dia menjadi hamba iblis kerana dia mematuhi kehendak dosa. Atas sebab ini kuasa Adam telah diberikan kepada iblis dan Syaitan. Sejak itu jiwa menjadi tuan manusia dan semua manusia berada di bawah pemerintahan musuh iaitu iblis dan Syaitan.

Syaitan tidak dapat memerintah roh atau hati kebenaran manusia. Ia mengawal jiwa manusia untuk merampas hati mereka. Syaitan meletakkan pelbagai jenis dusta ke dalam fikiran manusia. Sejauh mana ia mengawal operasi jiwa manusia, ia akan dapat mengawal hati manusia juga.

Semasa Adam hidup sebagai roh hidup, dia hanya mempunyai pengetahuan tentang kebenaran, dan oleh itu hatinya adalah rohnya. Tetapi sejak komunikasi dengan Tuhan dibatalkan, dia tidak lagi dibekalkan dengan pengetahuan kebenaran atau tenaga rohani lagi. Sebaliknya, dia mula menerima pengetahuan dusta yang dibekalkan oleh Syaitan melalui jiwa. Pengetahuan dusta ini datang untuk membentuk hati dusta dalam manusia.

Musnahkan Operasi Jiwa Milik Badaniah

Pernahkah anda menyatakan sesuatu atau melakukan sesuatu

yang anda tidak terfikir akan pernah lakukan. Ini kerana manusia dikawal oleh jiwa. Disebabkan jiwa menyelubungi roh, roh kita akan menjadi aktif hanya apabila kita memecahkan operasi jiwa milik badaniah. Jadi, bagaimana kita boleh memusnahkan operasi jiwa milik badaniah? Perkara paling penting adalah kita perlu akui bahawa pengetahuan dan idea kita adalah tidak benar. Hanya dengan ini kita akan bersedia untuk menerima Firman kebenaran, yang berbeza daripada idea kita sendiri.

Yesus menggunakan perumpamaan untuk memusnahkan idea manusia yang silap (Matius 13:34). Mereka tidak memahami perkara rohani kerana benih kehidupan mereka tersekat oleh jiwa, jadi Yesus cuba membantu mereka memahami melalui perumpamaan menggunakan perkara dalam dunia. Namun, orang Farisi dan para hawariNya juga tidak memahamiNya. Mereka mentafsirkan segala-galanya dengan standard idea sendiri dan fikiran dusta badaniah, oleh itu mereka tidak dapat memahami perkara-perkara rohani.

Penggubal undang-undang pada masa itu mengutuk Yesus kerana menyembuhkan orang sakit pada hari Sabat. Jika anda berfikir secara rasional, anda akan lihat bahawa Yesus seorang manusia yang diakui dan dikasihi Tuhan, kerana Dia menunjukkan kuasa yang hanya Tuhan dapat lakukan. Tetapi penggubal undang-undang tidak dapat memahami hati Tuhan kerana tradisi orang-orang tua dan rangka kerja mental mereka. Yesus cuba membuatkan mereka faham tentang idea yang salah dan konsep diri.

Lukas 13:15-16 menyatakan, "Tetapi Tuhan menjawab dia,

kataNya: „Hai orang-orang munafik, bukankah setiap orang di antaramu melepaskan lembunya atau keldainya pada hari Sabat dari kandangnya dan membawanya ke tempat minuman? Bukankah perempuan ini, yang sudah delapan belas tahun diikat oleh Iblis, harus dilepaskan dari ikatannya itu, karena ia adalah keturunan Abraham?'"

Apabila Dia menyatakan hal ini, smeua musuhNya dimalukan; dan khalayak ramai bergembira dengan semua perkara yang dilakukanNya. Malah, mereka berpeluang menyedari rangka kerja mental yang silap. Yesus cuba memusnahkan fikiran manusia kerana mereka akan membuka hati hanya apabila fikiran mereka dimusnahkan.

Mari kita lihat dalam Wahyu 3:20, yang menyatakan:

Lihat, Aku berdiri di muka pintu dan mengetuk; jikalau ada orang yang mendengar suaraKu dan membukakan pintu, Aku akan masuk mendapatkannya dan Aku makan bersama-sama dengan dia, dan ia bersama-sama dengan Aku.

Dalam ayat ini, 'pintu' melambangkan pagar fikiran, iaitu 'jiwa'. Yesus mengetuk pintu fikiran dengan Firman kebenaran. Pada saat ini, jika kita membuka pintu fikiran, iaitu jika kita memusnahkan jiwa dan menerima Firman Yesus, pintu hati kita akan terbuka. Dengan cara ini, apabila Firman Yesus masuk ke dalam hati, kita akan mula mengamalkan Firman Tuhan. Inilah yang dinamakan 'makan' dengan Tuhan. Jika kita menerima Firman Yesus dengan 'Amin', walaupun jika Firman Yesus tidak selari dengan fikiran atau teori anda, jadi kita akan dapat memusnahkan operasi dusta jiwa.

Seperti yang diterangkan, kita pertama sekali perlu membuka pintu fikiran dan pintu hati kita, supaya dakwah dapat masuk ke dalam benih kehidupan, yang dikelilingi oleh jiwa manusia. Ia seperti seorang tetamu yang melawat rumah seseorang. Bagi tetamu yang berada di luar rumah untuk bertemu tuan rumah, dia perlu membuka pagar besar, masuk ke rumah, dan juga membuka pintu hadapan untuk masuk ke ruang tamu.

Ada banyak cara untuk memusnahkan operasi jiwa milik badaniah. Untuk membuatkan orang lain membuka pintu fikiran dan hati untuk menerima dakwah, bagi sesetengah orang adalah lebih baik kita memberikan penerangan logik, sementara bagi lain, adalah lebih baik jika menerima kuasa Tuhan atau memberikan mereka perumpamaan. Kita juga perlu sentiasa memusnahkan operasi dusta jiwa dalam perkembangan keimanan bagi orang yang telahpun menerima dakwah. Ada ramai penganut yang tidak terus berkembang dari segi keimanan dan roh. Ini kerana mereka tidak mempunyai kesedaran rohani yang berterusan disebabkan operasi jiwa milik badaniah.

Pembentukan Memori

Untuk mendapatkan operasi jiwa yang kita mahukan, kita perlu tahu bagaimana pengetahuan kekal sebagai memori. Kadang kala kita dengar atau melihat sesuatu, tetapi kemudian kita sukar untuk mengingat kembali. Sebaliknya, kita ingat sesuatu dengan jelas dan tidak lupa buat jangka masa yang lama. Perbezaan datang daripada kaedah yang digunakan untuk menyimpan sesuatu dalam sistem memori.

Kaedah pertama untuk memasukkan sesuatu ke dalam memori adalah melihat sesuatu tanpa fokus. Kita lihat atau dengar sesuatu, tetapi kita tidak memberi perhatian kepadanya. Katakanlah anda balik ke kampung halaman dengan menaiki kereta api. Anda dapat lihat padang gandum dan tanaman lain. Tetapi jika anda memikirkan sesuatu yang lain, selepas tiba di kampung anda tidak akan ingat apa yang anda lihat semasa menaiki kereta api. Jika pelajar berangan di dalam kelas, mereka tidak akan ingat pelajaran dalam kelas.

Kedua, ada memori kasual. Apabila anda melihat ladang gandum di luar tingkap, anda boleh mengaitkannya dengan ibu bapa anda. Anda fikirkan bapa anda yang bekerja di ladang apabila anda melihat ladang, dan kemudian anda tidak akan ingat dengan jelas perkara-perkara lain. Di dalam kelas juga, pelajar akan hanya mengingat secara kasual apa yang dikatakan oleh cikgu. Mereka akan ingat apa yang mereka dengar selepas kelas berakhir, tetapi mereka akan lupa dalam masa dua hari seterusnya.

Ketiga, untuk menanam ingatan. Jika anda juga seorang petani, apabila anda melihat ladang gandum dan tanaman lain, anda akan memberi perhatian kepada apa yang anda lihat. Anda dapat lihat adakah ladang dijaga dengan baik, atau bagaimana rumah hijau dibina, dan anda mahu mengaplikasikannya di ladang anda sendiri. Anda memberi perhatian dan menanamnya dalam fikiran, jadi anda ingat maklumat terperinci walaupun selepas anda kembali ke rumah. Di dalam kelas juga, katakanlah cikgu berkata, "Kita akan ada ujian selepas kelas ini. Lima markah akan ditolak bagi setiap jawapan yang salah." Kemudian, pelajar akan cuba menumpukan perhatian dan ingat akan arahan dalam kelas. Memori jenis ini akan kekal lebih lama daripada yang satu lagi.

Keempat, untuk menanam dalam otak dan hati. Katakanlah anda menonton filem sedih. Anda mempunyai empati dengan pelakon dan anda berasakan seolah-olah kisah itu kisah anda, dan anda juga menangis. Dalam hal ini, kisah ini akan ditanam bukan sahaja dalam memori tetapi juga dalam hati. Ia ditanam dengan perasaan dalam hati serta dalam memori iaitu sel otak anda. Perkara yang disimpan dengan kuat dalam memori dan hati akan kekal, melainkan sel otak telah rosak. Namun, walaupun otak telah rosak, apa yang ada dalam hati akan kekal.

Kalau seorang anak kecil melihat ibunya mati dalam kemalangan jalan raya, dia tentu akan terkejut! Dalam hal ini, situasi dan perasaan sedih akan ditanam dalam hatinya. Ia ditanam dalam memori dan hati, dan sukar baginya untuk melupakannya. Kita telah melihat empat cara mengingat. Jika kita benar-benar memahami hal ini, ia akan membantu kita mengawal operasi jiwa.

Perkara Yang Anda Ingin Lupakan, Tetapi Sering Teringat

Kadang kala, kita sentiasa diingatkan tentang perkara yang kita tidak mahu ingat. Apakah sebabnya? Ini kerana ia ditanam dalam otak dan hati bersama-sama emosi.

Katakanlah anda membenci seseorang. Apabila anda memikirkan tentang dia, ada akan menderita kerana kebencian yang anda ada. Dalam kes ini, pertama sekali anda perlu memikirkan Firman Tuhan. Tuhan menyuruh kita mengasihi walaupun seseorang itu musuh kita, dan Yesus berdoa untuk orang yang menyalibNya supaya mereka diampunkan. Jenis hati yang Tuhan inginkan adalah kebaikan dan kasih sayang, jadi kita perlu mengeluarkan hati dusta yang diberikan oleh iblis dan Syaitan.

Dalam banyak situasi, jika kita pertimbangkan sebab utama, kita sedar bahawa kita membenci orang lain disebabkan perkara remeh. Kita dapat sedar apa yang kita tidak patuhi berdasarkan Firman Tuhan jika kita bermuhasabah diri dengan 1 Korintus bab 13 yang menyatakan bahawa kita perlu mengutamakan kepentingan orang lain, menjadi lemah lembut dan memahami orang lain. Apabila kita memahami bahawa kita tidak bertindak dengan benar, kebencian dalam hati lama-kelamaan akan hilang. Jika kita rasakan dan memasukkan kebaikan terlebih dahulu, kita tidak perlu menderita daripada fikiran jahat. Walaupun seseorang melakukan perkara yang anda tidak suka, anda tidak akan membenci mereka selagi anda memasukkan perasaan kebaikan dengan berfikir, "Mereka tentu ada sebab."

Kita Mesti Tahu Apa Yang Dimasukkan Dengan Dusta

Jadi, apa yang perlu kita lakukan dengan dusta yang telahpun masuk bersama dengan perasaan dusta?

Jika sesuatu telah ditanam dalam lubuk hati anda, anda akan diingatkan tentangnya walaupun anda tidak cuba memikirkannya. Dalam hal ini, anda patut mengubah perasaan yang berkaitan dengan hal ini. Daripada cuba tidak memikirkannya langsung, ubahlah fikiran ini. Contohnya, anda boleh mengubah cara pemikiran anda terhadap seseorang yang anda benci. Anda boleh mula berfikir daripada sudut pandangannya dan memahami bahawa dia mungkin bersikap demikian, disebabkan situasinya.

Anda juga boleh memikirkan tentang sifat baik yang dia ada, dan berdoa untuknya. Jika anda cuba bercakap dengannya dengan mesra dan tenang, berikan dia hadiah kecil, tunjukkan perbuatan kasih sayang, perasaan benci ini akan menjadi kasih sayang. Anda akhirnya tidak akan menderita apabila anda memikirkan tentangnya.

Sebelum menerima Yesus, semasa saya sakit selama tujuh tahun, saya membenci ramai orang. Saya tiada penawar dan tiada harapan untuk hidup. Hutang saya bertambah dan keluarga saya hampir berpecah-belah. Isteri saya terpaksa bekerja dan saudara-mara saya tidak menyukai keluarga saya kerana kami adalah beban kepada mereka.

Adik-beradik lelaki saya yang rapat juga berpecah-belah. Pada waktu itu saya hanya memikirkan tentang keadaan kewangan saya sahaja, dan saya benci mereka kerana mereka melupakan saya. Saya berdendam dengan isteri saya yang sering berpindah keluar dari rumah, dan ahli keluarganya yang menyakiti hati saya dengan kata-kata yang kesat. Setiap kali mereka memandang saya dengan pandangan benci, kebencian dan kemarahan saya semakin bertambah. Tetapi suatu hari, semua dendam dan kebencian ini hilang.

Apabila saya menerima Yesus dan mendengar Firman Tuhan, saya menyedari kesilapan saya. Tuhan menyuruh kita mengasihi walaupun seseorang itu musuh kita, dan Tuhan mengorbankan satu-satunya AnakNya sebagai korban penebusan untuk kita. Jadi apakah jenis manusia, jika saya mempunyai kebencian dan menyimpan dendam! Saya mula berfikir daripada cara pemikiran mereka. Katakanlah saya ada adik perempuan dan dia mempunyai suami yang sakit. Dia terpaksa bekerja keras untuk menyara kehidupan. Apakah perasaan saya jika berada dalam situasi ini? Apabila saya mula berfikir menurut pandangan mereka, saya dapat memahami mereka, dan saya menyedari semua kesalahan datang daripada pihak saya.

Apabila saya mengubah cara pemikiran saya, saya berasa berterima kasih kepada ahli keluarga isteri saya. Kadang kala memberikan kami beras atau barangan lain, dan saya amat bersyukur. Walaupun melalui masa sukar itu, saya menerima Yesus dan mengetahui tentang Syurga, dan bersyukur juga. Apabila saya mengubah pemikiran saya, saya bersyukur kerana saya pernah sakit dan bertemu isteri saya. Semua kebencian saya bertukar kepada kasih sayang.

Operasi Jiwa Milik Dusta

Jika anda mempunyai operasi jiwa milik dusta, anda boleh melukai diri sendiri dan orang di sekeliling anda. Mari kita lihat kes-kes lazim operasi jiwa milik dusta yang kita dapat lihat dalam kehidupan seharian.

Pertama, salah faham terhadap orang lain dan tidak memahami atau menerima orang lain.

Manusia mempunyai citarasa, nilai dan konsep berbeza tentang apa yang betul. Sesetengah orang sukakan reka bentuk terang, dan unik bagi pakaian mereka manakala orang lain sukakan reka bentuk yang ringkas dan kemas. Ada orang sukakan sebuah filem dan orang lain mungkin tidak menyukainya.

Disebabkan perbezaan ini, kita mempunyai perasaan tidak selesa terhadap orang lain yang berbeza daripada kita, tanpa kita menyedarinya. Seseorang mempunyai personaliti yang terbuka dan mesra, dan dia berterus-terang berkenaan perkara yang tidak disukainya. Seorang lain pula tidak begitu pandai meluahkan perasaan, dan mengambil masa yang lebih lama untuk membuat keputusan kerana dia memikirkan tentang semua kemungkinan secara terperinci. Sebaliknya, bagi orang yang pertama, orang yang kedua ini kelihatan lembap dan tidak cukup cergas. Sebaliknya, orang yang kedua mengaggap orang yang pertama agak gopoh dan agresif dan dia mahu mengelak daripada bertemu dengannya.

Seperti dalam perumpamaan ini, ini adalah operasi jiwa milik dusta jika anda tidak memahami konsep memahami orang lain. Jika kita hanya suka apa yang kita suka, dan jika kita fikirkan apa yang kelihatan betul pada pandangan kita, kita tidak akan memahami atau menerima orang lain.

Kedua, membuat penghukuman.

Menghukum bermaksud membuat kesimpulan terhadap seseorang atau sesuatu perkara berdasarkan rangka kerja pemikiran atau perasaan sendiri. Di sesetengah negara, adalah tidak sopan untuk menghembus hidung semasa duduk di meja makan. Dalam negara lain, ia tidak mengapa. Di sesetengah negara, membazir makanan dianggap tidak sopan manakala di negara lain ia tidak mengapa dan dianggap sopan untuk meninggal lebihan makanan.

Seorang yang melihat orang lain makan menggunakan tangan akan bertanya adalah bersih makan dengan tangan. Dia menjawab, "Saya sudah basuh tangan, jadi saya tahu ia bersih. Saya tak tahu betapa bersihnya garpu atau sudu. Jadi, tangan saya lebih bersih." Bergantung kepada apa jenis persekitaran kita dibesarkan, dan apa yang kita pelajari, perasaan dan pemikiran akan berbeza walaupun dalam situasi yang sama. Oleh itu, kita tidak sepatutnya menghakimi apa yang betul dan salah, menggunakan standard manusia, yang merupakan dusta.

Seseorang membuat penghakiman memikirkan orang lain akan melakukan perkara yang sama dengan mereka. Orang yang menipu akan fikir bahawa orang lain juga menipu. Orang yang suka mengumpat menganggap orang lain juga suka mengumpat.

Katakanlah anda lihat seorang lelaki dan wanita yang berdiri bersama-sama dalam sebuah hotel. Anda mungkin membuat penghakiman seperti, "Mereka tentu tidur di hotel bersama-sama. Mereka memandang antara satu sama lain dengan cara yang istimewa."

Tapi anda tidak akan tahu jika wanita dan lelaki ini berbual di kafe hotel atau terserempak di tepi jalan. Jika anda menghakimi mereka dan menyebarkan perkara ini kepada orang lain, ini mungkin tidak adil bagi mereka, mungkin terlepas peluang atau kerugian kerana menjadi mangsa khabar angin.

Jawapan yang tidak relevan juga datang daripada penghakiman. Jika anda bertanya kepada orang yang selalu datang kerja lambat, "Pukul berapa awak datang hari ni?" dia mungkin akan menjawab, "Saya tak lambat hari ini." Anda cuma bertanya pukul berapa dia datang kerja, tetapi dia ingat anda menghakiminya dan memberi respon dengan jawapan yang tidak relevan.

1 Korintus 4:5 menyatakan, "Kerana itu, janganlah menghakimi sebelum waktunya, iaitu sebelum Tuhan datang. Ia akan menerangi, juga apa yang tersembunyi dalam kegelapan, dan Ia akan memperlihatkan apa yang direncanakan di dalam hati. Maka tiap-tiap orang akan menerima pujian dari Tuhan."

Ada banyak penghukuman dan kutukan dalam dunia, bukan hanya pada tahap individu malah juga keluarga, masyarakat, politik dan negara. Kejahatan ini hanya menyebabkan pergaduhan dan kesedihan. Manusia hidup dengan penghakiman sehinggakan mereka tidak sedar yang ia wujud. Tentu sekali, kadang kala penghakiman mereka mungkin betul, tetapi kebanyakannya adalah tidak tepat. Walaupun ia benar, penghakiman adalah satu kejahatan dan ia dilarang oleh Tuhan, jadi kita tidak perlu menghakimi.

Ketiga, ia adalah penghakiman.

Manusia bukan sahaja menghakimi orang lain dengan fikiran mereka, tetapi juga mengutuk mereka. Sesetengah orang menderita kesakitan mental akibat komen terhadap mereka dalam Internet. Menghakimi dan kutukan sering berlaku dalam kehidupan sehari-hari. Jika seseorang berjalan di sebelah anda tanpa mengucapkan selamat, anda mungkin menghakiminya dengan menganggapnya bersalah kerana sengaja tidak mempedulikan anda. Mungkin dia tidak cam anda atau mungkin dia sedang memikirkan perkara lain, tetapi anda terus sahaja menghukumnya dengan perasaan anda sendiri.

Itusebabnya Yakobus 4:11-12 memberi amaran kepada kita:

Saudara-saudaraku, janganlah kamu saling memfitnah. Barang siapa memfitnah saudaranya atau menghakiminya, ia mencela hukum dan menghakiminya; dan jika engkau menghakimi hukum, maka engkau bukanlah penurut hukum, tetapi hakimnya. Hanya ada satu Pembuat hukum dan Hakim, iaitu Dia yang berkuasa menyelamatkan dan membinasakan. Tetapi siapakah engkau, sehingga engkau mahu menghakimi sesamamu manusia?

Untuk menghakimi atau mengutuk adalah kesombongan berlagak seperti Tuhan. Orang seperti ini sudahpun menghukum diri sendiri. Ini adalah masalah yang lebih serius iaitu menghakimi atau mengutuk perkara rohani. Sesetengah orang menghakimi dan mengutuk kerja berkuasa Tuhan atau kehendak Tuhan dalam rangka kerja mental dan pengetahuan mereka.

Jika seseorang menyatakan, "Saya telah disembuhkan daripada penyakit yang membawa maut, hanya melalui doa!" orang yang mempunyai hati yang baik akan mempercayainya. Tetapi orang lain mungkin akan menghakimi dan berkata, "Bagaimanakah penyakit dapat disembuhkan hanya melalui doa? Ia mungkin tersilap diagnosis atau dia sahaja fikir yang dia telah sembuh." Orang lain mungkin akan menuduhnya menipu. Mereka menghakimi dan mengutuk kisah-kisah dalam Alkitab tentang Laut Merah dibelah, bulan dan matahari tidak bergerak, dan air pahit bertukar menjadi air manis, dan menyatakan bahawa semua ini adalah kisah dongeng.

Sesetengah orang menyatakan yang mereka percaya kepada Tuhan, namun mereka mengutuk kerja Roh Kudus. Apabila seseorang menyatakan bahawa mata rohaninya telah terbuka dan mereka dapat melihat dunia rohani, atau dia berkomunikasi dengan Tuhan, orang lain tanpa berfikir akan menyatakan yang dia salah. Kerja begini ternyata dirakamkan dalam Alkitab, tetapi mereka mengutuk perkara ini dalam rangka kerja kepercayaan peribadi mereka sendiri.

Ada ramai manusia begini pada zaman Yesus. Apabila Yesus menyembuhkan orang sakit pada hari Sabat, mereka sepatutnya memberi perhatian kepada kuasa Tuhan yang ditunjukkan melalui Yesus. Jika ia tidak selaras dengan kehendak Tuhan, kerja begini tidak akan dapat berlaku melalui Yesus. Tetapi orang Farisi menghakimi dan mengutuk Yesus, iaitu Anak Tuhan, dalam konsep diri dan rangka kerja mental mereka sendiri. Jika anda menghukum dan mengutuk kerja Tuhan walaupun kerana anda masih belum mengetahui kebenaran dengan sepenuhnya, ia masih satu dosa besar. Anda mesti berhati-hati kerana anda tidak akan berpeluang bertaubat jika anda menentang atau membuat kekufuran terhadap Roh Kudus.

Operasi keempat jiwa dalam dusta adalah menyampaikan mesej yang salah atau tidak tepat.

Apabila kita menyampaikan satu mesej, kita lazimnya memasukkan perasaan dan fikiran sendiri, oleh itu mesej ini telah berubah. Walaupun kita menghantar mesej yang benar-benar sama, makna asal boleh berubah menurut ekspresi wajah dan nada suara. Contohnya, apabila kita memanggil seseorang dengan berkata "hei!", memanggil dengan suara mesra dan lembut atau memanggil dengan suara kasar dan marah membawa makna berbeza. Selain itu, jika kita tidak dapat menyampaikan mesej sebenar dengan perkataan yang sama tetapi menukarkannya kepada perkataan kita sendiri, dan makna sebenarnya telah berubah.

Kita akan dapati contoh ini dalam kehidupan seharian seperti menambah cerita atau mengurangkan kisah yang sebenar. Kadang kala, konteks mesej boleh berubah langsung. "Betulkah?" menjadi "Benar kan?" dan "Kami merancang untuk..." atau "Kami mungkin..." menjadi "Nampaknya kami akan..."

Tetapi jika kita mempunyai hati yang benar, kita tidak akan mengubah fakta dengan cara pemikiran sendiri. Kita akan dapat menyampaikan mesej dengan lebih tepat sejauh mana kita menyingkirkan hati dan sifat kejahatan seperti mendapatkan faedah untuk diri sendiri, tidak cuba menyampaikan maklumat tepat, mudah menghakimi, dan mengumpat orang lain. Permulaan Yohanes 21:18 adalah Firman Yesus tentang kesyahidan Petrus. Ia menyatakan, "Sesungguhnya ketika engkau masih muda engkau mengikat pinggangmu sendiri dan engkau berjalan ke mana saja kau kehendaki, tetapi jika engkau sudah menjadi tua, engkau akan menghulurkan tanganmu dan orang lain akan mengikat engkau dan membawa engkau ke tempat yang tidak kau kehendaki."

Petrus kemudiannya curiga tentang Yohanes dan bertanyakan soalan. "Tuhan, apakah yang akan terjadi dengan dia ini?" (ayat 21) Kemudian Yesus menjawab, "Jikalau Aku menghendaki, supaya ia tinggal hidup sampai Aku datang, itu bukan urusanmu? Tetapi engkau: ikutlah Aku!" (ayat 22) Bagaimanakah anda fikir mesej ini disampaikan kepada para hawari lain? Alkitab menyatakan yang mereka berkata para hawari tidak akan mati. Maksud Yesus adalah bukan urusan Petrus untuk mengambil berat tentang Yohanes walaupun Yohanes tidak akan hidup sehingga kembali. Tetapi para hawari menyampaikan mesej yang salah dengan menambah fikiran mereka sendiri.

Kelima, emosi negatif dan perasaan tidak menyenangkan.

Disebabkan kita mempunyai perasaan badaniah yang tidak menyenangkan, seperti kekecewaan, tercabar kebanggaan, cemburu, marah, dan mempunyai dendam, kita mempunyai operasi dusta jiwa daripadanya. Walaupun bagi perkataan yang sama yang kita dengar, reaksi kita menjadi berbeza bergantung kepada perasaan kita.

Katakanlah bos dalam sebuah syarikat berkata kepada pekerjanya, "Tak bolehkah buat kerja dengan lebih baik?" sambil menunjukkan kesilapan. Dalam situasi ini, sesetengah orang mungkin akan menerima dengan lembut dan senyum sambil berkata, "Ya, saya akan cuba dengan lebih baik pada masa hadapan." Tetapi orang yang mempunyai masalah dengan bos mungkin akan berkecil hati atau marah dengan teguran ini. Mereka mungkin berfikir, 'Perlukah dia bercakap dengan cara yang teruk?' atau 'Bagaimana dengan dia sendiri? Kerja sendiri pun dia tak buat dengan betul.'

Atau, bos memberikan anda nasihat dan berkata, "Saya fikir lebih baik jika awak betulkan bahagian ini begini." Sesetengah daripada anda akan menerima dan berkata, "Itu pun idea yang baik. Terima kasih atas nasihat anda," dan mengambil nasihatnya. Tetapi sesetengah orang dalam situasi ini menjadi tidak selesa dan mereka berasa tersinggung. Disebabkan perasaan buruk ini, mereka kadang kala terfikir, 'Saya buat yang terbaik untuk kerja ini, senang-senang sahaja dia berkata begini? Kalau pandai sangat, mengapa dia tak buat sendiri?'

Dalam Alkitab, kita membaca tentang Yesus yang memarahi Petrus (Matius 16:23). Apabila tiba masa untuk Yesus mengangkat salib, Dia memberitahu para hawari apa yang akan berlaku. Petrus tidak mahu Yesus menderita begitu teruk dan dia berkata, "Tuhan, kiranya Tuhan menjauhkan hal itu! Hal itu sekali-kali takkan menimpa Engkau" (ayat 22).

Pada masa ini, Yesus tidak cuba menenangkannya dengan berkata, "Aku tahu perasaan kamu. Aku amat menghargainya. Tetapi Aku terpaksa pergi." Sebaliknya Dia membantah dan berkata, "Enyahlah Iblis! Engkau suatu batu sandungan bagiKu, sebab engkau bukan memikirkan apa yang difikirkan Tuhan, melainkan apa yang difikirkan manusia" (ayat 23).

Disebabkan jalan penyelamatan hanya akan terbuka bagi orang yang berdosa apabila Yesus menderita di atas salib, menghentikan hal ini adalah sama seperti menghentikan kehendak Tuhan. Tetapi Petrus tidak mempunyai rasa tersinggung atau merungut terhadap Yesus kerana dia percaya bahawa Yesus mempunyai niat tertentu. Dengan hati yang baik, Petrus kemudiannya menjadi hawari yang menunjukkan kuasa Tuhan yang hebat.

Sebaliknya, apa yang terjadi kepada Yudas Iskariot? Dalam Matius 26, Maryam dari Bethany menumpahkan sebotol minyak wangi yang mahal di atas Yesus. Yudas menganggap bahawa ini sesuatu yang membazir. Dia berkata, "Sebab minyak itu dapat dijual dengan mahal dan wangnya dapat diberikan kepada orang-orang miskin" (ayat 9). Tetapi dia sebenarnya mahu mencuri wang.

Di sini, Yesus memuji apa yang Maryam lakukan dalam kehendak Tuhan, iaitu menyediakanNya untuk dikebumikan. Namun, Yudas mempunyai rasa tidak senang dan merungut terhadap Yesus kerana Yesus tidak mengakui perkataannya. Akhirnya, dia melakukan dosa besar dengan merancang untuk membelot kepada Yesus dan menjualNya kepada orang lain.

Hari ini, ramai orang mempunyai operasi jiwa yang di luar kebenaran. Namun walaupun kita melihat sesuatu, kita tidak akan mempunyai apa-apa operasi jiwa selagi kita tidak mempunyai perasaan terhadapnya. Apabila kita melihat sesuatu, kita mesti berhenti pada tahap melihat sahaja. Kita mesti tidak menggunakan fikiran untuk menghukum dan mengutuk, yang merupakan dosa. Untuk kekal dalam kebenaran, lebih baik untuk tidak melihat atau mendengar apa-apa dusta. Tetapi walaupun kita berhubungan dengan apa-apa dusta kita masih boleh menjaga diri dalam kebaikan jika kita berfikir dan mempunyai perasaan kebaikan.

3. Kegelapan

Syaitan mempunyai kuasa kegelapan yang sama seperti Azazil dan menghasut manusia untuk mempunyai pemikiran jahat dan hati yang jahat untuk melakukan tindakan jahat.

Kesannya, roh jahat yang menyebabkan kita melakukan tindakan roh yang dusta. Dunia roh jahat dibenarkan wujud oleh Tuhan untuk memenuhi kehendak persiapan manusia. Ia mempunyai kuasa di udara semasa persiapan manusia sedang berlaku. Efesus 2:2 menyatakan "Pada waktu itu kalian mengikuti kebiasaan-kebiasaan dunia ini; bererti kalian taat kepada penguasa angkasa raya, iaitu roh yang sekarang menguasai hati orang-orang yang tidak taat kepada Tuhan."

Tuhan membenarkan mereka mengawal aliran kegelapan sehingga masa Tuhan menamatkan persiapan manusia.
Roh jahat yang termasuk dalam kejahatan memperdayakan manusia untuk melakukan dosa dan menentang Tuhan. Mereka

juga mempunyai arahan yang ketat. Ketuanya, Azazil, mengawal kegelapan, memberikan arahan dan mengawal roh jahat di bawahnya. Ada banyak makhluk lain yang membantunya. Ada naga yang mempunyai kuasa praktikal dan malaikat mereka (Ruj: Wahyu 12:7). Ada juga Syaitan, iblis dan hantu.

Azazil merupakan ketua malaikat yang memuji Tuhan dengan suara yang merdu dan alatan muzik. Kerana dia menikmati kedudukan yang tinggi dan kekuasaan, dan dikasihi Tuhan buat begitu lama, dia menjadi angkuh dan mengkhianati Tuhan. Sejak itu, wajahnya yang cantik menjadi buruk. Yesaya 14:12 menyatakan, "Wah, engkau sudah jatuh dari langit, hai Bintang Timur, putera Fajar! Engkau sudah dipecahkan dan jatuh ke bumi, hai yang mengalahkan bangsa-bangsa!"

Hari ini, tanpa sedar, manusia menyerupai perwatakan Azazil dalam gaya rambut dan pemakaian kosmetik yang pelik-pelik. Melalui trend dan fesyen dunia, Azazil mengawal minda dan pemikiran manusia sesuka hatinya. Khususnya, Azazil memberi banyak sumbangan kepada muzik dunia.

Dia juga menghasut manusia untuk melakukan dosa dan maksiat melalui kemudahan moden termasuklah komputer. Dia menghasut pemerintah yang jahat untuk menentang Tuhan. Sesetengah negara menentang agama Kristian. Semua ini dilakukan dengan motivasi dan hasutan Azazil.

Selain itu, Azazil menggoda manusia dengan pelbagai jenis sihir dan magis moden, dan menawan dukun atau ahli sihir untuk memujanya. Dia mencuba sedaya-upaya untuk menghasut sekurang-kurangnya satu lagi jiwa ke Neraka dan menyebabkan manusia menentang Tuhan.

Naga dan Malaikatnya

Naga bertindak sebagai ketua roh jahat di bawah Azazil. Ramai orang menganggap naga sebagai haiwan mitos. Namun, naga wujud dalam dunia roh jahat. Namun, ia tidak dapat dilihat kerana ia merupakan makhluk ghaib. Seperti kebanyakan gambaran tentang naga, ia mempunyai tanduk rusa, mata syaitan, dan telinga seperti haiwan ternak. Ia mempunyai sisik pada kulit dan berkaki empat. Naga kelihatan seperti reptilia gergasi.

Naga pada masa kejadian mempunyai bulu yang panjang dan cantik. Ia mengelilingi arasy Tuhan. Ia dikasihi Tuhan seperti haiwan peliharaan dan berada dekat dengan Tuhan. Naga mempunyai tenaga yang hebat dan kuasa serta ramai malaikat kerubin yang berada di bawah mereka. Namun apabila naga mengkhianati Tuhan bersama-sama Azazil, malaikat mereka juga menjadi korup dan turut menentang Tuhan. Malaikat naga ini juga kini mempunyai rupa hodoh seperti haiwan. Mereka mempunyai kuasa udara, bersama naga dan menghasut manusia untuk melakukan dosa dan kejahatan.

Azazil berada pada kedudukan tertinggi sebagai roh paling jahat di dunia, namun dari segi praktikal, dia memberikan kuasa kepada naga dan malaikatnya untuk menentang makhluk rohani milik Tuhan dan memerintah di udara. Sejak lama dahulu, naga telah memujuk manusia untuk membuat atau mengukir sesuatu yang kelihatan seperti naga, supaya manusia akan memuja mereka. Hari ini, sesetengah agama secara terbuka memuja naga dan menyembahnya, dan mereka ini dikawal oleh naga.

Wahyu 12:7-9 menyatakan tentang naga dan malaikatnya seperti berikut:

Maka timbullah peperangan di syurga. Mikhael dan malaikat-malaikatnya berperang melawan naga itu. Dan naga itu dibantu oleh malaikat-malaikatnya, tetapi mereka tidak dapat bertahan; mereka tidak mendapat tempat lagi di syurga. Dan naga besar itu, si ular tua, yang disebut Iblis atau Syaitan, yang menyesatkan seluruh dunia, dilemparkan ke bawah; ia dilemparkan ke bumi, bersama-sama dengan malaikat-malaikatnya.

Naga menghasut manusia melalui malaikat mereka. Manusia jahat begini tidak akan teragak-agak untuk melakukan jenayah kejam seperti membunuh dan memperdagangkan orang. Malaikat naga mempunyai bentuk haiwan seperti yang disebutkan dalam buku Imamat, amat dibenci Tuhan. Kejahatan akan wujud dalam pelbagai bentuk bergantung kepada haiwan, bagi setiap haiwan ada sifat berbeza seperti kekejaman, akal jahat, kekotoran atau kebuasan nafsu.

Azazil bekerja melalui naga, dan malaikat naga bekerja menurut arahan yang diberikan oleh naga. Jika dibandingkan dengan sebuah negara, Azazil adalah raja, dan naga adalah seperti perdana menteri atau komander jeneral tentera yang mempunyai kawalan pentadbiran terhadap menteri dan tentera. Apabila naga beraksi, mereka tidak menerima arahan terus daripada Azazil setiap kali. Azazil telah menanam minda dan pemikirannya dalam naga, dan jika naga melakukan apa-apa sahaja, ia secara automatik adalah menurut keinginan Azazil.

Syaitan mempunyai Hati dan Kuasa Azazil

Roh jahat dapat mempengaruhi manusia setakat mana hati mereka dicemari kegelapan, tetapi roh jahat atau iblis tidak mengganggu manusia dari awal. Pada mulanya, Syaitan yang bekerja mengganggu manusia, dan seterusnya iblis, akhir sekali roh jahat. Secara ringkasnya, Syaitan adalah hati Azazil. Ia tidak mempunyai bentuk nyata tetapi bekerja melalui fikiran manusia. Syaitan mempunyai kuasa kegelapan yang sama seperti Azazil dan menghasut manusia untuk mempunyai pemikiran jahat dan hati yang jahat untuk melakukan tindakan jahat.

Memandangkan Syaitan adalah makhluk rohani (Ayub 1:6-7), ia bekerja dalam pelbagai cara menurut ciri-ciri kegelapan seseorang manusia. Bagi orang yang menipu, ia bekerja dengan memperdayakan roh (1 Raja-raja 22:21-23). Bagi orang yang suka menyebabkan pergaduhan dengan melaga-lagakan orang, ia bekerja dengan roh begini (1 Yohanes 4:6). Bagi orang yang suka berbuat kemungkaran fizikal, ia bekerja dengan roh kotor (Wahyu 18:2).

Seperti yang diterangkan, Azazil, naga dan Syaitan mempunyai tugas berbeza dan bentuk berlainan, tetapi masing-masing mempunyai fikiran dan kuasa yang satu untuk mengamalkan kejahatan. Mari kita bincangkan cara Syaitan bekerja ke atas manusia.

Syaitan adalah seperti gelombang radio yang tersebar di udara. Ia menyebarkan fikiran dan kuasanya di udara secara berterusan. Dan, seperti gelombang radio yang dapat diterima melalui antena, iaitu fikiran, fikiran dan kuasa kegelapan Syaitan dapat diterima oleh orang yang bersedia menerimanya. Antena di sini adalah dusta, kegelapan yang berada dalam hati manusia.

Contohnya, sifat semula jadi kebencian dalam hati dapat bertindak sebagai antena untuk menerima gelombang radio kebencian yang disebarkan di udara oleh Syaitan. Syaitan meletakkan kuasa kegelapan dalam manusia melalui fikiran manusia sebaik sahaja gelombang kegelapan dicipta olehnya, dan dusta di dalam hati manusia mempunyai frekuensi yang sama, dan ia bersambung. Melalui hal ini, hati dusta akan diperkuatkan dan menjadi aktif. Inilah yang dinamakan 'menerima kerja Syaitan', atau mendengar suara Syaitan.

Apabila manusia mendengar suara Syaitan dengan cara ini, mereka akan melakukan dosa dalam fikiran, dan kemudian akan melakukan dosa dari segi tindakan. Apabila sifat semula kejahatan seperti kebencian atau iri hati menerima kerja Syaitan, ia akan mempunyai keinginan untuk memusnahkan sesama sendiri. Apabila hal ini berkembang, mereka berkemungkinan melakukan dosa membunuh.

Syaitan Bekerja melalui Aliran Pemikiran

Manusia mempunyai hati kebenaran dan dusta. Apabila kita menerima Yesus Kristus dan menjadi anak Tuhan, Roh Kudus masuk ke dalam hati dan menggerakkan hati kebenaran. Ini bermakna kita mendengar suara Roh Kudus dari dalam hati kita. Sebaliknya, apabila Syaitan bekerja dari dalam, ia memerlukan saluran untuk menembusi hati manusia. Saluran ini adalah fikiran manusia.

Manusia menerima apa yang kita lihat, dengar dan pelajari berserta perasaan dan menyimpan semua ini dalam minda dan hati. Dalam situasi yang betul, memori ini akan dapat digunakan. Ini dinamakan 'pemikiran'. Pemikiran berbeza bergantung kepada jenis perasaan yang anda ada semasa anda menyimpan sesuatu dalam memori. Walaupun dalam situasi yang sama, sesetengah orang menyimpannya menurut kebenaran, dan mereka mempunyai fikiran kebenaran, manakala orang yang menyimpannya dalam dusta akan mempunyai fikiran dusta.

Kebanyakan manusia tidak diajarkan kebenaran, iaitu Firman Tuhan. Itu sebabnya mereka memiliki lebih banyak dusta berbanding kebenaran dalam hati mereka. Syaitan menggalakkan dan menghasut manusia ini untuk mempunyai fikiran dusta. Ini dinamakan 'fikiran badaniah'. Apabila manusia menerima kerja Syaitan, mereka tidak akan dapat mematuhi hukum Tuhan. Mereka diperhambakan melalui dosa dan akhirnya akan tiba kepada kematian (Roma 6:16, 8:6-7).

Bagaimanakah Caranya Syaitan Dapat Mengawal Hati Manusia?

Secara umumnya, Syaitan bekerja dari luar melalui saluran

pemikiran manusia, tetapi ada beberapa pengecualian. Contohnya, Alkitab menyatakan bahawa Syaitan masuk ke dalam Yudas Iskariot, salah seorang daripada 12 hawari Yesus. Di sini, Syaitan 'masuk ke dalamnya' bermakna dia terus-menerus menerima kerja Syaitan dan akhirnya menyerahkan seluruh hatinya kepada Syaitan. Dengan cara ini, dia ditangkap secara keseluruhan oleh Syaitan.

Yudas Iskariot mengalami kuasa mengagumkan Tuhan dan semasa mengikut Yesus dia diajar dengan kebaikan, tetapi memandangkan dia tidak menyingkirkan sifat tamak, dia mencuri wang Tuhan daripada kotak wang (Yohanes 12:6).

Dia juga mempunyai sifat tamak dalam mendapatkan keagungan dan kuasa apabila Al-Masih, Yesus, akan mendapat singgahsana di dunia. Namun realiti berbeza daripada apa yang dia jangkakan, jadi satu demi satu dia membiarkan fikirannya diambil oleh Syaitan. Akhirnya, seluruh hatinya dimiliki Syaitan, dan dia menjual Tuannya dengan harga 30 syiling perak. Kita katakan Syaitan telah masuk ke dalam seseorang apabila Syaitan mempunyai kuasa penuh terhadap hati seseorang.

Dalam Kisah Para Rasul 5:3, Petrus menyatakan bahawa hati Ananias dan Safira dipenuhi Syaitan dan mereka menyorokkan sebahagian daripada wang hasil jualan tanah mereka, dan berbohong kepada Roh Kudus.

Petrus menyatakan hal ini kerana ada banyak kejadian yang sama sebelum ini. Oleh itu, ekspresi 'Syaitan masuk ke dalam' atau 'dipenuhi Syaitan' bermakna mereka mempunyai Syaitan dalam hati mereka, dan mereka sendiri telah menjadi seperti Syaitan. Dengan mata rohani, Syaitan kelihatan seperti kabus gelap. Tenaga kegelapan, yang seperti asap gelap, berada di sekeliling manusia yang banyak menerima kerja Syaitan. Untuk tidak menerima kerja Syaitan, kita pertama sekali perlu menyingkirkan semua fikiran dusta. Selain itu, kita perlu membuang hati dusta daripada diri kita. Ini bermakna kita perlu membuang antena yang dapat menerima 'gelombang radio' Syaitan.

Iblis dan Roh Jahat

Iblis adalah sebahagian daripada malaikat yang turut sama berpaling tadah dengan Azazil. Tidak seperti Syaitan, iblis mempunyai bentuk-bentuk tertentu. Mereka bertubuh gelap, mempunyai wajah, mata, hidung, telinga dan mulut seperti malaikat. Mereka juga mempunyai tangan dan kaki juga. Iblis menggerakkan manusia untuk melakukan dosa dan membawakan pelbagai jenis ujian dan percubaan untuk mereka.

Tapi ini tidak bermakna bahawa iblis masuk ke dalam manusia untuk melakukannya. Dengan arahan Syaitan, iblis mengawal manusia yang telah memberikan hati mereka kepada kegelapan dan menyebabkan mereka melakukan kejahatan yang tidak dapat diterima. Namun, kadang kala iblis akan mengawal sesetengah orang secara terus, sebagai alat mereka. Orang yang telah menjual roh mereka kepada iblis, seperti ahli sihir atau ahli magis dikawal oleh iblis untuk menjadi alat iblis. Mereka membuatkan orang lain melakukan tindakan jahat juga. Oleh itu, Alkitab menyatakan bahawa orang yang melakukan dosa termasuk dalam golongan iblis (Yohanes 8:44; 1 Yohanes 3:8).

Yohanes 6:70 menyatakan, "Jawab Yesus kepada mereka: „Bukankah Aku sendiri yang telah memilih kamu yang dua belas ini? Namun seorang di antaramu adalah Iblis?'" Yesus bercakap tentang Yudas Iskariot yang akan menjual Yesus. Orang yang menjadi hamba dosa dan tidak berkait langsung dengan penyelamatan adalah anak iblis. Apabila Syaitan masuk ke dalam Yudas dan mengawal hatinya, dia melakukan perbuatan iblis, iaitu menjual Yesus. Iblis adalah seperti pengurus kelas pertengahan yang menerima arahan Syaitan, dan semasa mengawal banyak roh jahat, ia menyebabkan banyak penyakit dan kesakitan berlaku kepada manusia, serta memimpin mereka untuk melakukan lebih banyak kejahatan.

Syaitan, iblis dan roh jahat mempunyai hierarki. Mereka bekerjasama dengan rapat sekali. Pertama, Syaitan bekerja dengan fikiran dusta manusia untuk membuka jalan bagi iblis untuk beroperasi. Kemudian, iblis mula bekerja terhadap manusia supaya mereka melakukan perbuatan badaniah dan kerja iblis yang lain. Syaitanlah yang bekerja melalui fikiran, dan kerja iblis adalah untuk memastikan manusia melakukan perbuatan yang difikirkan. Selain itu, apabila amalan jahat melebihi had tertentu, roh jahat akan pergi ke manusia seperti ini. Apabila roh jahat masuk ke dalam manusia, mereka hilang kehendak diri dan mereka menjadi boneka roh jahat.

Alkitab menyatakan bahawa roh jahat adalah roh jahat yang berbeza daripada malaikat derhaka atau Azazil (Mazmur 106:28; Yesaya 8:19; Kisah Para Rasul 16:16-19; 1 Korintus 10:20). Roh jahat dahulunya adalah manusia yang mempunyai roh, jiwa dan tubuh. Sesetengah manusia yang hidup di dunia dan mati tanpa penyelamatan datang semula ke dunia dalam keadaan tertentu yang khusus, dan mereka adalah roh jahat. Ramai orang tidak memahami dengan jelas konsep dunia roh jahat. Namun, roh jahat akan cuba mengambil walau seorangpun lagi untuk masuk ke jalan kemusnahan sehingga hari akhirat seperti yang ditentukan Tuhan.

Sebab ini, 1 Petrus 5:8 menyebutkan, "Sedarlah dan berjaga-jagalah. Lawanmu, si Iblis, berjalan keliling sama seperti singa yang mengaum-aum dan mencari orang yang dapat ditelannya." Dan Efesus 6:12 menyatakan, "Kerana perjuangan kita bukanlah melawan darah dan daging, tetapi melawan pemerintah-pemerintah, melawan penguasa-penguasa, melawan penghulu-penghulu dunia yang gelap ini, melawan roh-roh jahat di udara."

Kita perlu sentiasa berjaga-jaga dan berawas dari segi rohani setiap masa kerana kita tidak dapat tidak akan jatuh ke jalan maut kerana kuasa kegelapan akan memimpin kita.

Bab 2
Diri Sendiri

Perasaan bahawa diri betul berlaku apabila kita diajarkan dengan dusta dunia sebagai kebenaran. Apabila perasaan ini terbentuk, rangka kerja mental akan tercipta. Oleh itu, rangka kerja mental yang terbentuk ini adalah penyepaduan sistematik perasaan bahawa diri betul bagi seseorang.

Sehingga 'Diri' Seseorang Terbentuk

Perasaan Diri Betul dan Rangka Kerja

Melakukan Operasi Jiwa Milik Kebenaran

Saya Mati Setiap Hari

Waktu ini sebelum saya menerima Yesus Kristus. Saya menderita kesakitan setiap hari dan satu-satunya perkara yang menggembirakan saya adalah membaca novel seni mempertahankan diri. Kisah-kisah ini lazimnya adalah kisah membalas dendam.

Plot novel ini biasanya: semasa kecil, ibu bapa hero dibunuh oleh musuh. Dia berjaya melepaskan diri kerana diselamatkan oleh pembantu rumah. Dia bertemu guru seni mempertahankan diri semasa membesar. Dia kini menjadi pakar seni mempertahankan diri dan membalas dendam ke atas musuh kerana membunuh ibu bapanya. Novel begini mengajarkan bahawa membalas dendam adalah tindakan yang betul dan bersifat wira walaupun berisiko kehilangan nyawa mereka sendiri. Namun, ajaran Yesus dalam Alkitab amat berbeza daripada ajaran duniawi ini.

Yesus mengajarkan dalam Matius 5:43-45, "Kamu telah mendengar firman: Kasihilah sesamamu manusia dan bencilah musuhmu.' Tetapi Aku berkata kepadamu: Kasihilah musuhmu dan berdoalah bagi mereka yang menganiaya kamu. Kerana dengan demikianlah kamu menjadi anak-anak Bapamu yang di syurga, yang menerbitkan matahari bagi orang yang jahat dan orang yang baik dan menurunkan hujan bagi orang yang benar dan orang yang tidak benar."

Kehidupan yang saya telah jalani adalah kehidupan yang baik dan jujur. Kebanyakan orang akan menyatakan bahawa saya seorang yang baik yang 'tidak akan melanggar undang-undang'. Namun, selepas menerima Yesus dan melakukan muhasabah diri melalui Firman Tuhan yang disampaikan dalam jemaah kebangkitan, saya sedar bahawa dalam kehidupan saya ada banyak perkara yang salah. Saya amat malu dengan diri sendiri kerana saya sedar bahawa bahasa yang saya gunakan, kelakuan, fikiran dan hati nurani saya semuanya salah. Saya bertaubat dengan sesungguhnya di hadapan Tuhan dan menyedari bahawa saya menjalani kehidupan yang tidak berlandaskan kebenaran.

Sejak itu saya cuba menyedari sifat diri sentiasa betul dan rangka kerja mental sendiri dengan tujuan memusnahkannya. Saya menidakkan 'diri' yang saya ciptakan sebelum ini dan menganggapnya kosong. Dengan berpandukan Alkitab, saya mencipta semula 'diri sendiri' sekali lagi. Saya berpuasa dan berdoa dengan tekun untuk membuang semua dusta dalam hati saya. Hasilnya, saya dapat rasakan kejahatan dalam diri keluar dan saya mula mendengar suara dan menerima panduan daripada Roh Kudus.

Sehingga 'Diri' Seseorang Terbentuk

Bagaimana manusia membentuk hati mereka dan menetapkan nilai mereka? Pertama, adalah faktor-faktor yang diwarisi. Anak-anak menyerupai ibu bapa mereka. Mereka mewarisi rupa paras, tabiat, personaliti, dan ciri-ciri genetik lain daripada ibu bapa mereka. Di Korea, kami memanggilnya menerima 'darah ibu bapa'. Namun, ini sebenarnya bukanlah darah tetapi tenaga hayat, atau 'chi'. 'Chi' adalah kristaloid semua tenaga yang datang daripada seluruh tubuh. Ada sebuah keluarga yang saya kenal, di mana anak lelakinya mempunyai tanda lahir yang besar di atas bibirnya. Ibunya dahulu mempunyai tanda lahir yang sama di tempat yang sama, tetapi dia melakukan pembedahan untuk membuangnya. Walaupun dia telah membuang tanda lahir ini, ia masih diperturunkan kepada anak lelakinya.

Sperma dan telur manusia mengandungi tenaga hayat. Ia mengandungi bukan sahaja rupa bentuk fizikal, tetapi juga personaliti, pembawaan, kecerdikan dan tabiat. Jika bapa si anak lebih kuat semasa dia tercipta, anaknya akan lebih menyerupai bapa. Jika ibu si anak lebih kuat, anaknya akan lebih menyerupai ibu. Ini menjadikan hati setiap anak itu berbeza.

Apabila manusia membesar dan matang dalam banyak perkara yang dipelajarinya, ini juga akan menjadi sebahagian daripada hati. Bermula usia lima tahun, manusia mula membentuk 'diri' melalui perkara yang mereka lihat, dengar dan pelajari. Pada usia sekitar 12 tahun, manusia akan membentuk nilai bagi standard penilaian. Pada usia 18 tahun, 'diri' seseorang akan menjadi lebih teguh. Namun, masalahnya di sini adalah kita menganggap banyak perkara yang salah seolah-olah benar, dan mengingatinya sebagai kebenaran.

Ada banyak perkara dusta yang kita pelajari dalam hidup ini. Di sekolah, kita mempelajari banyak perkara yang diperlukan dan berguna dalam kehidupan, tetapi ada perkara yang diajarkan tetapi tidak benar, seperti evolusi Darwin. Apabila ibu bapa mengajar anak-anak, mereka juga mengajarkan dusta seolah-olah ia suatu kebenaran. Katakanlah seorang kanak-kanak berada di luar dan dipukul oleh kanak-kanak lain. Ibu bapa yang kecewa mungkin akan berkata, "Kamu makan tiga kali sehari seperti budak-budak lain dan sepatutnya kamu kuat, jadi mengapa kamu kena pukul? Kalau mereka pukul sekali, pukul mereka balik dua kali! Kamu kan ada tangan dan kaki seperti budak-budak lain? Kamu mesti belajar cara mempertahankan diri sendiri."

Kanak-kanak dilayan dengan cara yang menghina jika mereka dipukul oleh kawan-kawan. Jadi, hati nurani apakah yang akan dimiliki kanak-kanak ini? Mereka akan berasakan yang mereka bodoh dan salah jika mereka membiarkan orang lain memukul mereka. Jika orang lain memukul mereka, mereka fikir mereka berhak untuk membalas dua kali ganda. Dalam kata lain, mereka menganggap kejahatan sebagai kebaikan.

Bagaimanakah ibu bapa yang menurut kebenaran mengajar anak-anak mereka? Mereka akan melihat keadaan dan mengajarkan anak-anak dengan kebaikan dan kebenaran supaya mereka akan berasa tenang dan berkata, "Sayang, cubalah fahami mereka? Mungkin ada kesalahan yang kamu lakukan. Tuhan menyuruh kita membalas kejahatan dengan kebaikan."

Jika kanak-kanak diajarkan dengan Firman Tuhan dalam setiap situasi, mereka akan dapat membentuk hati nurani yang baik dan betul. Tetapi dalam kebanyakan situasi, ibu bapa mengajar anak mereka dengan dusta dan penipuan. Apabila ibu bapa menipu, anak-anak akan menipu juga. Katakanlah telefon berdering dan anak perempuan mengangkat telefon. Dia menutup gagang supaya pemanggil tidak dengar. Dia berkata, "Ayah, pakcik Tom nak bercakap." Si ayah memberitahu anak perempuannya, "Cakap ayah tak ada di rumah."

Anak perempuan bertanya terlebih dahulu sebelum menyerahkan telefon kerana insiden ini berlaku dengan kerap di rumah. Manusia diajarkan banyak perkara dusta semasa mereka membesar, dan mereka sendiri membentuk dusta ini dengan membuat penilaian dan menghukum dengan perasaan mereka sendiri. Ini adalah cara hati nurani dusta terbentuk.

Selain itu, kebanyakan manusia bersikap medan mementingkan diri. Mereka hanya mementingkan manfaat diri dan menganggap diri mereka betul. Jika niat atau idea orang lain tidak selari dengan idea mereka, mereka akan fikir bahawa orang lain salah. Tetapi orang lain juga berfikir dengan cara yang sama. Susah untuk mencapai kata sepakat jika semua orang berfikir begini. Sama juga dengan orang yang rapat, seperti suami dan isteri atau ibu bapa dan anak-anak. Kebanyakan orang membentuk 'diri' dengan cara ini, dan oleh itu kita tidak sepatutnya menganggap hanya 'diri' kita sahaja yang betul.

Perasaan Diri Betul dan Rangka Kerja

Ramai orang membentuk standard penilaian atau sistem nilai melalui operasi jiwa yang termasuk dalam dusta. Kesannya, mereka hidup dalam perasaan sentiasa betul dan rangka kerja sendiri. Selain itu, perasaan sentiasa betul ini terbentuk dengan dusta yang mereka terima daripada dunia dan apa yang mereka anggap sebagai kebenaran. Manusia yang mempunyai sifat sentiasa betul ini tidak akan hanya menganggap diri mereka betul kerana standard ini, tetapi dalam sifat ini mereka juga cuba memaksa orang lain menerima pendapat dan kepercayaan mereka.

Apabila sifat sentiasa betul ini semakin menebal, ia akan menjadi rangka kerja. Dalam kata lain, rangka kerja ini adalah struktur yang terbentuk secara sistematik daripada sifat sentiasa betul dalam diri seseorang. Rangka kerja ini dibuat berdasarkan personaliti, citarasa, adab, cara, teori dan pemikiran masing-masing. Dalam situasi di mana kedua-dua pilihan adalah baik, jika anda berkeras dengan salah satu daripada pilihan, dan jika pandangan ini semakin menebal, ia akan menjadi rangka kerja anda. Kemudian, kecenderungan akan timbul untuk anda lebih hormat dan menerima orang yang mempunyai keutamaan, personaliti atau pilihan yang sama, tetapi ada juga kecenderungan untuk tidak bertoleransi dengan orang yang tidak sependapat dengan anda. Ini adalah disebabkan rangka kerja peribadi.

Rangka kerja begini akan terlihat dalam pelbagai bentuk dalam kehidupan seharian. Pasangan yang baru berkahwin mungkin akan bergaduh disebabkan perkara kecil. Suami fikir cara yang betul untuk menekan ubat gigi adalah dari bawah manakala isterinya menekan ubat gigi pada mana-mana bahagian yang dia suka. Jika salah seorang berkeras dengan pendapat sendiri dalam situasi ini, mereka akan berhadapan dengan konflik. Konflik timbul daripada rangka kerja dalam tabiat mereka yang berbeza.

Katakanlah ada seorang pekerja syarikat yang melakukan semua kerjanya sendiri tanpa menerima bantuan daripada orang lain. Sesetengah orang mempunyai tabiat melakukan semua kerja secara sendiri kerana mereka dibesarkan dalam persekitaran yang sukar dan terpaksa bekerja sendirian. Ini bukanlah kerana mereka sombong. Oleh itu, jika anda menilai mereka sebagai sombong atau mementingkan diri, ia juga merupakan penilaian yang tidak betul.

Dalam kebanyakan kes, pada pandangan kebenaran, sifat sentiasa betul dan rangka kerja seseorang itu yang sepatutnya disalahkan. Kesalahan ini datang dari hati dusta yang tidak mahu berkhidmat kepada orang lain dan hanya mencari kepentingan sendiri. Penganut agama Kristian juga mempunyai sifat sentiasa betul dan rangka kerja yang mereka tidak sedari kewujudannya.
Mereka fikir mereka mendengar Firman Tuhan dan telah membuang dosa sehingga satu tahap, dan mereka mengetahui kebenaran. Dengan pengetahuan ini, mereka menunjukkan sifat sentiasa betul. Mereka membuat penilaian tentang cara orang lain hidup dalam keimanan. Mereka juga membandingkan diri mereka dengan orang lain, dan menganggap diri mereka lebih baik. Pada suatu masa mereka hanya melihat kebaikan dalam diri orang lain, tetapi kemudian mereka berubah dan hanya melihat kekurangan orang lain. Mereka berkeras dengan pendapat sendiri, tetapi menyatakan yang mereka melakukannya 'untuk kerajaan Tuhan'.

Sesetengah orang bercakap seolah-olah mereka mengetahui segala-galanya dan sentiasa betul. Mereka selalu bercakap tentang kekurangan orang lain dan membuat penilaian terhadap mereka. Ini bermakna mereka tidak melihat kekurangan diri sendiri tetapi mencari kesalahan orang lain.
Sebelum kita berubah dengan kebenaran secara sepenuhnya, kita smeua mempunyai sifat sentiasa betul dan membentuk rangka kerja sendiri. Setakat mana kita mempunyai kejahatan

dalam hati, kita akan ada operasi jiwa yang dimiliki dusta, dan bukannya operasi milik kebenaran. Hasilnya, kita akan membuat penilaian dan pengadilan terhadap orang lain dalam sifat sentiasa betul dan rangka kerja sendiri. Untuk mendapat perkembangan rohani, kita perlu mempertimbangkan fikiran dan teori sendiri seolah-olah ia tidak bermakna. Kita perlu membuang sifat sentiasa betul dan rangka kerja serta mempunyai operasi jiwa milik kebenaran.

Melakukan Operasi Jiwa Milik Kebenaran

Kita akan mendapat perkembangan rohani dan berubah menjadi anak Tuhan apabila kita mengubah operasi jiwa milik dusta kepada operasi jiwa milik kebenaran. Jadi, apa yang perlu kita lakukan untuk mendapatkan operasi jiwa milik kebenaran?

Pertama, kita perlu memahami dan menetapkan segala-galanya dengan piawaian kebenaran.

Manusia mempunyai hati nurani berbeza, dan piawaian dunia juga berbeza mengikut masa, lokasi dan budaya. Walaupun anda melakukan sesuatu yang betul, ia mungkin dianggap tidak betul oleh orang lain yang mempunyai nilai berbeza.

Manusia membentuk nilai mereka dan cara yang diterima dalam situasi dan budaya berbeza, dan oleh itu, kita tidak sepatutnya menilai orang lain dengan piawaian kita. Satu-satunya piawaian yang mana kita dapat menentukan betul dan salah dan antara benar dan dusta adalah Firman Tuhan yang merupakan kebenaran itu sendiri.

Antara perkara yang manusia duniawi anggap sebagai benar dan betul, ada antaranya yang selari dengan Alkitab, tetapi ada juga yang tidak. Katakanlah salah seorang daripada kawan anda melakukan jenayah, tetapi orang lain yang dipersalahkan. Dalam hal ini, kebanyakan orang akan fikir tidak mengapa jika tidak mendedahkan kesalahan kawan anda. Tetapi jika anda mendiamkan diri walaupun mengetahui bahawa orang itu tidak bersalah, tindakan anda tidak akan dianggap betul pada pandangan Tuhan.

Sebelum saya mempercayai Tuhan, apabila saya melawat rumah seseorang pada waktu makan dan mereka bertanya jika saya sudah makan, saya selalu berkata, "Ya, saya sudah makan." Saya tidak pernah berasakan yang ia salah, kerana saya berkata begitu untuk tidak membuatkan tuan rumah serba salah. Tetapi dari segi rohani, ini adalah cela pada pandangan Tuhan kerana ia bukan kebenaran, walaupun tidak berdosa. Selepas menyedari hal ini, saya selalu berkata, "Saya belum makan, tetapi saya tidak lapar sekarang."

Untuk memahami segala-galanya dengan kebenaran, kita patut mendengar dan belajar Firman kebenaran dan menyimpannya dalam hati. Kita patut membaca Alkitab dan menyingkirkan piawaian salah yang kita bentuk dengan dusta di dunia ini. Tidak kiralah betapa bijaknya sesuatu di dunia, jika ia menentang Firman Tuhan, kita patut membuangnya.

Kedua, untuk mendapatkan operasi jiwa milik kebenaran, perasaan dan emosi kita mesti berlandaskan kebenaran.

Cara kita menyimpan sesuatu dalam diri memainkan peranan

penting apabila kita cuba mempunyai perasaan berdasarkan kebenaran. Saya pernah melihat seorang ibu yang memarahi anaknya dan berkata, "Kalau kamu buat begini, paderi akan marah kamu!" Dia membuatkan anaknya menganggap paderi sebagai orang yang ditakuti. Anak ini akan berasa takut dan mengelakkan paderi, dan bukannya berada dekat dengan paderi sewaktu dia membesar.

Suatu masa dahulu, saya ada menyaksikan satu babak dalam filem. Seorang gadis berbaik-baik dengan seekor gajah, dan gajah selalu melilitkan belalainya di leher si gadis. Suatu hari, semasa dia tidur, seekor ular berbisa datang dan membelit lehernya. Jika dia tahu bahawa ia ular berbisa, dia tentu akan berasa takut. Tetapi matanya tertutup dan dia fikir ini adalah belalai gajah. Dia langsung tidak terkejut. Dia malah merasakan yang ia amat mesra. Perasaan berbeza bergantung kepada fikiran.

Perasaan berbeza menurut cara kita berfikir. Orang yang geli dengan ulat berenga, cacing, atau lipan makan ayam, walaupun ayam makan benda-benda ini. Kita dapat lihat sekarang bahawa perasaan tentang sesuatu bergantung kepada fikiran kita. Tidak kira apa jenis manusia yang kita jumpa dan apa jenis kerja yang kita lakukan, kita patut fikirkan dan rasakan perkara yang baik-baik sahaja.

Yang paling penting, untuk kita berfikir dan berasa yang baik-baik sahaja, kita perlu sentiasa melihat, mendengar dan memasukkan dalam diri perkara yang baik-baik sahaja. Hal ini amat benar terutamanya pada zaman ini di mana kita dapat melihat banyak perkara melalui media massa dan Internet. Lebih banyak kejahatan, kezaliman, keganasan, kepentingan diri, kelicikan dan khianat yang wujud dalam dunia hari ini berbanding masa lalu. Untuk mengekalkan diri dalam kebenaran, lebih baik jika kita tidak melihat, mendengar atau memasukkan perkara begini dalam diri kita. Namun, sekiranya kita terpaksa berdepan dengan hal ini, kita masih boleh memasukkan perkara yang berada dalam kebenaran dan kebaikan. "Bagaimana?" tentu anda tertanya-tanya!

Contohnya, orang yang mendengar kisah menakutkan tentang roh jahat atau puntianak pada usia muda mempunyai ketakutan terhadapnya, terutamanya, jika mereka tinggal bersendirian dalam gelap selepas menonton filem seram. Mereka akan berasa takut jika mereka mendengar bunyi atau bayang-bayang pelik. Jika mereka bersendirian, sesuatu perkara kecil yang berlaku mungkin akan menyebabkan mereka terkejut, disebabkan ketakutan mereka.

Tetapi jika kita hidup dalam cahaya, Tuhan melindungi kita dan roh jahat tidak akan dapat menyentuh kita. Sebaliknya, mereka akan takut dengan cahaya rohani yang keluar dari diri kita. Jika kita memahami hal ini, kita akan mengubah perasaan sendiri. Kita faham dari hati bahawa roh jahat bukanlah sesuatu yang perlu ditakuti, jadi perasaan kita akan berubah. Memandangkan kita boleh mengatasi dunia kegelapan, walaupun roh jahat muncul, kita akan menghalau mereka dengan nama Yesus Kristus.

Mari kita dengarkan satu lagi kisah di mana seseorang mempunyai perasaan yang tidak sepatutnya. Saya mengerjakan ziarah dengan ahli gereja 20 tahun lalu. Ada sebuah patung lelaki bogel di dalam sebuah stadium di Greece. Tulisan di situ menuliskan tentang galakan bersenam dan melakukan aktiviti sukan untuk kesihatan manusia yang menjadi asas negara yang sihat. Di sana saya dapat lihat perbezaan antara pelancong dari negara Eropah lain dengan ahli gereja kami.

Sesetengah ahli wanita bergambar di hadapan patung dengan selamba manakala ada juga ahli wanita yang malu-malu. Mereka mengelakkan tempat ini seolah-olah mereka telah melihat sesuatu yang tidak sepatutnya. Mereka malu-malu di hadapan patung ini kerana mereka mempunyai pemikiran maksiat. Mereka mempunyai perasaan yang tidak betul mengenai kebogelan, dan mereka mempunyai perasaan begini apabila melihat patung lelaki bogel ini. Orang begini mungkin akan menilai orang lain yang meneliti patung ini. Namun pelancong Eropah langsung tidak kelihatan malu atau mempunyai perasaan yang sama. Mereka melihat patung ini dengan penghargaan kerana ia sebuah ukiran seni yang indah.

Dalam hal ini, tiada sesiapa yang patut menilai pelancong Eropah dan menyatakan yang mereka tidak tahu malu. Jika kita memahami budaya berbeza dan mengubah perasaan dusta menjadi kebenaran, kita tidak akan berasa malu atau segan. Adam dahulunya hidup tidak berpakaian semasa dia masih belum mempunyai pengetahuan tentang aspek badaniah, dan dia tidak mempunyai fikiran maksiat, dan cara hidup begitu adalah lebih indah.

Ketiga, untuk mendapat operasi jiwa milik kebenaran, kita tidak sepatutnya menerima perkara hanya berdasarkan perspektif kita sahaja, tetapi dari pandangan orang lain juga.

Jika anda menerima perkara dan situasi hanya daripada sudut pandangan, pengalaman dan cara pemikiran anda, akan ada banyak operasi dusta akan akan wujud. Anda mungkin akan menambah atau menolak kata-kata orang lain menurut cara pemikiran anda sendiri. Anda mungkin salah faham, menilai, menghukum dan mempunyai perasaan tidak baik.

Katakanlah seseorang yang tercedera dalam kemalangan mengadu kesakitan yang amat sangat. Orang yang tidak pernah mengalami kesakitan begini atau orang yang tahan sakit mungkin akan fikir bahawa dia sengaja membesarkan perkara kecil. Jika anda menerima perkara kata-kata orang lain daripada sudut pandangan dan pengalaman sendiri, anda akan mengalami operasi dusta jiwa. Jika anda cuba memahami pandangan orang lain, anda akan memahaminya dan kesakitan yang dirasainya.

Jika anda memahami situasi orang lain dan menerimanya, anda akan senang dengan semua orang. Anda tidak perlu membenci atau berasa tidak selesa. Walaupun anda mengalami kecederaan atau kesusahan disebabkan orang lain, jika anda memikirkan dirinya, anda tidak akan membencinya malah masih mengasihinya serta mempunyai belas kasihan. Jika anda mengetahui kasih sayang Yesus yang disalib untuk kita dan kasih kurnia Tuhan, anda akan mampu mengasihi musuh anda. Inilah yang berlaku kepada Stefanus. Walaupun semasa dia direjam sampai mati tanpa melakukan kesalahan, dia tidak membenci orang yang merejamnya tetapi berdoa untuk mereka.

Tetapi kadang kala kita akan dapati bukan mudah untuk mempunyai operasi jiwa milik kebenaran, seperti yang kita mahukan. Oleh itu, kita perlu sentiasa berjaga-jaga dengan kata-

kata dan tindakan dan cuba mengubah operasi jiwa milik dusta kepada operasi jiwa milik kebenaran. Kita boleh mempunyai operasi jiwa milik kebenaran dengan kasih kurnia dan kekuatan Tuhan, dan dengan bantuan Roh Kudus apabila kita berdoa dan terus mencuba.

Saya Mati Setiap Hari

Hawari Paulus pernah menghukum orang Kristian kerana dia mempunyai sifat diri betul dan rangka kerja mental. Tetapi selepas bertemu Yesus, dia menyedari bahawa sifat dan angka kerja mental ini adalah tidak benar, dan dia merendahkan diri sehinggakan dia menganggap semua perkara yang pernah dimilikinya sebagai tidak berguna. Pada mulanya, dia bergelut dalam hati, dan menyedari bahawa kejahatan wujud dalam dirinya dan bertarung dengan bahagian hati yang mahu melakukan kebaikan (Roma 7:24).

Namun, dia sentiasa mengucapkan syukur dan percaya dengan hukum kehidupan dan Roh Kudus dalam Yesus Kristus membebaskannya daripada hukum dosa dan kematian. Dalam Roma 7:25, dia berkata, "Syukur kepada Tuhan! oleh Yesus Kristus, Tuhan kita! Jadi dengan akal budiku aku melayani hukum Tuhan, tetapi dengan tubuh insaniku aku melayani hukum dosa," dan dalam 1 Korintus 15:31, "Saudara-saudara, tiap-tiap hari aku berhadapan dengan maut. Demi kebanggaanku akan kamu dalam Kristus Yesus, Tuhan kita, aku katakan, bahawa hal ini benar."

Dia berkata, "Setiap hari aku mati" dan ini bermakna dia

menyunatkan hatinya setiap hari. Dia membuang dusta dalam dirinya seperti perasaan bangga, menonjolkan diri, kebencian, penilaian, kemarahan, bangga dan ketamakan. Seperti yang diakuinya, dia membuang semua ini dengan bergelut sehingga ke titik menumpahkan darah. Tuhan memberikannya kasih kurnia dan kekuatan, dan dengan bantun Roh Kudus dia berubah menjadi manusia roh yang mempunyai hanya operasi jiwa dalam kebenaran. Dia akhirnya menjadi hawari yang berkuasa yang menyebarkan dakwah sambil melakukan banyak mukjizat dan tanda-tanda.

Bab 3
Perkara-perkara Badaniah

Sesetengah orang melakukan dosa iri hati, cemburu, penilaian, menghukum dan maksiat dalam minda mereka. Hal ini tidak nampak dari luar, tetapi dosa begini dilakukan kerana mereka mempunyai sifat-sifat dosa dalam diri mereka.

Badaniah dan Amalan Jasad

Makna 'Badaniah yang Lemah'

Perkara-perkara Badaniah: Dosa yang Dilakukan Dalam Fikiran

Nafsu Badaniah

Nafsu Mata

Kebanggaan Sombong Kehidupan

Bagi manusia yang rohnya mati, jiwa mereka menjadi tuan dan memerintahkan seluruh jasad. Katakanlah anda dahaga, dan anda mahu minum sesuatu. Kemudian, jiwa akan memerintahkan tangan untuk mengambil gelas dan membawanya ke mulut anda. Tetapi pada saat ini, jika seseorang melontarkan kata-kata kejian terhadap anda dan anda menjadi marah, anda mungkin mahu memecahkan gelas. Apakah jenis operasi jiwa ini?

Ini berlaku apabila Syaitan menghasut jiwa yang dimiliki jasad. Manusia menerima kerja musuh iaitu iblis dan Syaitan setakat mana mereka mempunyai dusta dalam diri. Jika mereka menerima kerja Syaitan, mereka akan mempunyai fikiran dusta, dan jika mereka menerima kerja iblis, mereka akan menunjukkan tindakan dusta.

Fikiran untuk memecahkan gelas disebabkan marah diberikan oleh Syaitan, dan jika anda memecahkan gelas, ini adalah kerja iblis. Fikiran ini dinamakan 'perkara badaniah' dan tindakan ini dinamakan 'kerja badaniah'. Sebab mengapa kita mempunyai operasi jiwa dan tindakan milik dusta adalah kerana sifat alami dosa yang ditanam oleh iblis dan Syaitan sejak kejatuhan Adam dan yang telah digabungkan dengan jasad manusia.

Badaniah dan Amalan Jasad

Roma 8:13 menyatakan, "...Sebab, jika kamu hidup menurut daging, kamu akan mati; tetapi jika oleh Roh kamu mematikan perbuatan-perbuatan tubuhmu, kamu akan hidup."

Di sini, 'anda perlu mati' bermakna anda akan berhadapan kematian abadi, iaitu Neraka. Oleh itu, 'badaniah' tidak mempunyai makna yang merujuk kepada jasad fizikal semata-mata. Hal ini mempunyai makna kerohanian.

Kemudian, ia menyatakan bahawa jika kita mematikan perbuatan jasad dengan Roh, kita akan hidup. Adakah ini bermakna kita perlu menyingkirkan perbuatan jasad seperti duduk, baring, makan dan sebagainya? Sudah tentu tidak! Di sini, 'jasad' merujuk kepada cangkerang atau bekas di mana pengetahuan roh yang diberikan kepada manusia oleh Tuhan telah bocor. Untuk memahami makna rohani ini kita perlu mempelajari tentang apakah jenis manusia yang bernama Adam ini.

Semasa Adam merupakan roh hidup, jasadnya berharga dan tidak akan rosak. Dia tidak menjadi tua dan dia tidak boleh mati atau musnah. Dia mempunyai jasad rohani yang bersinar dan indah. Kelakuannya juga lebih terpuji berbanding mana-mana orang yang dihormati di dunia ini. Tetapi sejak dosa datang kepadanya dan sebagai kesan daripada dosanya, jasadnya menjadi tidak berharga dan tiada bezanya dengan haiwan.

Biar saya berikan satu perumpamaan. Katakanlah ada cawan

yang mengandungi cecair, cawan ini dapat dibandingkan dengan jasad dan cecair itu adalah roh. Cawan yang sama mempunyai nilai berbeza bergantung kepada jenis cecair yang ada di dalamnya. Hal ini sama juga dengan jasad Adam.

Sebagai roh hidup, Adam hanya mempunyai pengetahuan tentang kebenaran seperti kasih sayang, kebaikan, kebenaran dan sifat benar, serta cahaya Tuhan, yang diberikan oleh Tuhan. Tetapi apabila rohnya mati, pengetahuan tentang kebenaran mengalir keluar dari dirinya, dan dia sebaliknya diisi dengan perkara badaniah oleh musuh iaitu iblis dan Syaitan. Dia berubah mengikut dusta yang menjadi sebahagian daripada dirinya. Dikatakan bahawa, "Oleh Roh, perbuatan jasad akan dimatikan." Di sini 'perbuatan jasad' merujuk kepada tindakan yang datang daripada jasad yang digabungkan dengan dusta.

Contohnya, ada orang yang menggenggam penumbuk, menghentam pintu atau menunjukkan kelakuan kasar lain apabila mereka marah. Sesetengah orang menggunakan kata-kata kesat dalam setiap ayat yang diucapkan. Ada orang melihat kaum berlainan jantina dengan nafsu dan ada juga yang menunjukkan kelakuan lucah.

Perbuatan jasad merujuk kepada bukan sahaja bukti dosa yang nyata tetapi juga semua perbuatan yang tidak sempurna di mata Tuhan. Apabila sesetengah orang berbual, mereka menuding jari ke arah orang lain atau benda. Sesetengah orang meninggikan suara apabila bercakap dengan orang lain sehingga ia kedengaran seperti mereka sedang bertengkar. Hal ini mungkin nampak kecil, tetapi ini adalah perbuatan yang datang daripada jasad yang bergabung dengan dusta.

Penggunaan kerap perkataan 'badaniah' dijumpai di dalam Alkitab. Dalam ayat ini, Yohanes 1:14, perkataan 'badaniah' digunakan dengan makna literal, "Dan Firman menjadi darah daging, dan hidup di kalangan kita, dan kita menyaksikan keagunganNya, keagungan sebagai Dia yang datang daripada Tuhan Bapa, dipenuhi kasih kurnia dan kebenaran." Namun lazimnya ia digunakan dalam makna rohani.

Roma 8:5 menyatakan, "Sebab mereka yang hidup menurut daging, memikirkan hal-hal yang dari daging; mereka yang hidup menurut Roh, memikirkan hal-hal yang dari Roh." Dan Roma 8:8 menyatakan, "...Mereka yang hidup dalam daging, tidak mungkin berkenan kepada Tuhan."

Di sini, 'daging' digunakan dari segi makna rohani, merujuk kepada sifat alami dosa yang digabungkan dengan jasad. Gabungan sifat alami dosa dan jasad inilah yang menyebabkan pengetahuan tentang kebenaran mengalir keluar. Musuh iaitu iblis dan Syaitan menanamkan pelbagai sifat dosa dalam manusia, dan ia menjadi sebati dengan jasad. Ia tidak ditunjukkan dalam tindakan secara serta-merta, tetapi sifat ini kini wujud dalam manusia supaya ia akan dapat ditunjukkan sebagai tindakan pada bila-bila masa.

Apabila kita menyebutkan setiap satu ciri badaniah, kita menamakannya 'perkara badaniah'. Kebencian, iri hati, cemburu, kesalahan, kelicikan, kesombongan, kemarahan, menilai, menghukum, zina, dan ketamakan semuanya dianggap 'badaniah', dan setiap satunya adalah 'perkara badaniah'

Makna 'Badaniah yang Lemah'

Semasa Yesus berdoa di Getsemani, para hawari sedang tidur. Yesus berkata kepada Petrus, "Berjaga-jagalah dan berdoalah, supaya kamu jangan jatuh ke dalam pencubaan: roh memang penurut, tetapi daging lemah" (Matius 26:41). Tapi ini tidak bermakna bahawa jasad para hawari adalah lemah. Petrus mempunyai tubuh yang sasa kerana dia seorang nelayan. Jadi, apakah maknanya 'jasad yang lemah'?

Ini bermakna memandangkan Petrus masih belum menerima Roh Kudus, dia merupakan manusia badaniah yang masih belum membuang semua dosanya dan tidak mempunyai jasad yang dimiliki roh. Apabila manusia membuang dosa dan menjadi roh, iaitu apabila dia menjadi manusia roh dan manusia kebenaran, jiwa dan jasadnya akan dikawal oleh roh. Oleh itu, walaupun jasad amat letih, jika anda benar-benar mahu berjaga, dari dalam hati, anda akan dapat mengelak daripada tertidur.

Tetapi pada masa itu Petrus masih belum menjadi roh, dan dia tidak dapat mengawal ciri-ciri badaniah seperti keletihan dan kemalasan. Jadi, walaupun dia mahu berjaga, dia tidak berdaya. Dia masih mempunyai had fizikal. Mempunyai had fizikal begini bermakna badaniah masih lemah.

Tetapi selepas kebangkitan dan keberangkatan Yesus Kristus, Petrus menerima Roh Kudus. Kini dia bukan sahaja mengawal ciri-ciri badaniahnya tetapi juga menyembuhkan ramai orang sakit dan menghidupkan semula orang mati. Dia menyebarkan dakwah dengan keimanan yang teguh dan keberanian sehinggakan dia memilih untuk disalib secara songsang.

Dalam kes Yesus, Dia menyebarkan dakwah kerajaan Tuhan dan menyembuhkan manusia siang dan malam, walaupun Dia tidak dapat makan dan tidur dengan sepatutnya. Tetapi disebabkan roh yang mengawal jasadNya, walaupun dalam situasi di mana Dia amat letih, Dia masih mampu berdoa sehingga peluhNya seakan-akan darah yang menitik ke tanah. Yesus tidak mempunyai dosa atau ataupun dosa yang dilakukan sendiri. Oleh itu, Dia mampu mengawal jasadNya dengan roh.

Sesetengah penganut melakukan dosa dan memberikan alasan seperti "Badaniah saya lemah." Tetapi mereka menyatakan hal ini kerana mereka tidak memahami makna rohani perkataan ini. Kita perlu faham bahawa Yesus menumpahkan darahNya di atas salib untuk menebus kita bukan sahaja daripada dosa malah juga daripada kelemahan kita sendiri. Kita boleh menjadi sihat dalam roh dan jasad dan melakukan perkara yang melampaui batasan manusia jika kita mempunyai keimanan dan mematuhi Firman Tuhan. Selain itu, kita mempunyai bantuan Roh Kudus, dan oleh itu kita tidak patut berkata kita tidak boleh berdoa atau kita tidak mempunyai pilihan lain dan terpaksa melakukan dosa kerana badaniah kita lemah.

Perkara-perkara Badaniah: Dosa yang Dilakukan Dalam Fikiran

Jika manusia mempunyai badaniah, iaitu sifat alami dosa yang bersemadi dalam jasad, mereka berdosa bukan sahaja dalam minda tetapi juga dalam perbuatan. Jika mereka mempunyai ciri-ciri kesalahan, mereka akan menipu orang lain dalam situasi yang tidak diduga. Jika mereka melakukan dosa dalam hati dan bukan perbuatan, ini kita namakan 'perkara badaniah'.

Katakanlah anda melihat barang kemas yang cantik milik jiran anda. Walaupun anda terfikir sahaja untuk mengambil atau mencurinya, anda telahpun melakukan dosa di dalam hati. Kebanyakan orang tidak menganggap ini dosa. Tetapi Tuhan mencari dalam hati, dan musuh iaitu iblis dan Syaitan pun tahu hati manusia jenis ini, dan mereka dapat membawa pertuduhan menentang dosa sebegini, iaitu perkara badaniah.

Dalam Matius 5:28 Yesus menyatakan, "...Tetapi Aku berkata kepadamu: Setiap orang yang memandang perempuan serta menginginkannya, sudah berzina dengan dia di dalam hatinya." Dalam 1 Yohanes 3:15 menyatakan, "Setiap orang yang membenci saudaranya, adalah seorang pembunuh manusia. Dan kamu tahu, bahawa tidak ada seorang pembunuh yang tetap memiliki hidup yang kekal di dalam dirinya." Jika anda melakukan dosa di dalam hati, ini bermakna anda telah meletakkan asas untuk melakukan perbuatan dosa ini.

Anda boleh tersenyum dan berpura-pura mengasihi seseorang walaupun anda membenci dan mahu memukulnya. Jika sesuatu berlaku dan anda tidak dapat bertahan dengan situasi ini, kemarahan anda akan meledak dan anda mungkin akan bertengkar atau bergaduh dengannya. Namun jika anda membuang sifat alami dosa kebencian itu sendiri, anda tidak akan membenci orang ini walaupun dia menyusahkan anda.

Seperti yang ditulis dalam Roma 8:13, "...Sebab, jika kamu hidup menurut daging, kamu akan mati," tetapi jika oleh Roh kamu mematikan perbuatan-perbuatan tubuhmu, kamu akan hidup. Namun, Alkitab juga menyatakan, "...Sebab, jika kamu hidup menurut daging, kamu akan mati; tetapi jika oleh Roh kamu mematikan perbuatan-perbuatan tubuhmu, kamu akan hidup." Jadi, tidak mustahil untuk mempunyai amalan suci dan bersifat ketuhanan apabila anda membuang perkara badaniah satu demi satu. Sekarang, bagaimanakah kita dapat membuang perkara dan kerja badaniah dengan cepat?

Roma 13:13-14 menyatakan, "Marilah kita hidup dengan sopan, seperti pada siang hari, jangan dalam pesta pora dan kemabukan, jangan dalam percabulan dan hawa nafsu, jangan dalam perselisihan dan iri hati. Tetapi kenakanlah Tuhan Yesus Kristus sebagai perlengkapan senjata terang dan janganlah merawat tubuhmu untuk memuaskan keinginannya," dan 1 Yohanes 2:15-16 menyatakan, "Janganlah kamu mengasihi dunia dan apa yang ada di dalamnya. Jikalau orang mengasihi dunia, maka kasih akan Bapa tidak ada di dalam orang itu. Sebab semua yang ada di dalam dunia, iaitu keinginan daging dan keinginan mata serta keangkuhan hidup, bukanlah berasal dari Bapa, melainkan dari dunia."

Dari ayat-ayat ini, kita dapat menyedari bahawa semua perkara di dunia disebabkan oleh nafsu badaniah, nafsu mata dan kebanggaan hidup. Nafsu adalah sumber tenaga yang menggerakkan manusia untuk mencari dan menerima jasad yang boleh musnah. Ia suatu kuasa kuat yang menjadikan manusia berasa seronok dengan dunia dan menyayanginya.

Mari kita kembali ke kejadian Hawa digoda oleh ular dalam Kejadian 3:6: "Perempuan itu melihat bahwa pohon itu indah, dan buahnya nampaknya enak untuk dimakan. Dan ia berfikir alangkah baiknya jika dia menjadi arif. Sebab itu ia memetik buah pohon itu, lalu memakannya, dan memberi juga kepada suaminya, dan suaminya pun memakannya."

Ular berkata kepada Hawa yang dia oleh menjadi seperti Tuhan. Pada saat dia menerima kata-kata ini, sifat alami dosa datang kepadanya dan bertumbuh menjadi badaniah. Kini, nafsu badaniah datang dan buah itu nampak sedap untuk dimakan. Nafsu mata datang dan buah itu nampak cantik di mata. Kebanggaan hidup datang dan buah itu nampak menarik untuk menjadikan seseorang lebih arif. Apabila Hawa menerima nafsu begini, dia mahu makan buah dan dia melakukannya. Sebelum ini, dia tidak pernah mempunyai niat untuk ingkar Firman Tuhan, tetapi apabila nafsunya dirangsang, buah itu nampak sedap dan bagus. Apabila dia mempunyai keinginan untuk menjadi seperti Tuhan, dia akhirnya mengingkari Tuhan.

Nafsu badaniah, nafsu mata dan keangkuhan hidup membuatkan kita fikir bahawa dosa dan kejahatan adalah baik. Ia membawa kepada perkara badaniah dan akhirnya kerja badaniah. Oleh itu, untuk membuang perkara badaniah, kita pertama sekali perlu menyingkirkan tiga jenis nafsu. Kemudian kita boleh mula menyingkirkan badaniah daripada hati kita.

Jika Hawa tahu apakah kesakitan yang bakal diterima jika dia memakan buah itu, dia tidak akan berasa yang ia bagus untuk dimakan dan cantik dipandang. Sebaliknya, dia tidak akan menyentuh atau melihat buah itu, apatah lagi memakannya. Seperti ini juga, jika kita menyedari kesakitan yang bakal diterima jika kita mengasihi dunia dan ia akan menyebabkan kita mendapat hukuman di Neraka, kita sudah pasti tidak akan mengasihi dunia. Apabila kita sedar betapa tiada harganya perkara duniawi yang kotor dengan dosa, akan mudah bagi kita untuk menyingkirkan keinginan badaniah. Biar saya terangkan.

Nafsu Badaniah

Nafsu badaniah adalah sifat ingin menurut badaniah dan melakukan dosa. Apabila kita mempunyai ciri-ciri seperti kemarahan, kebencian, keinginan yang mementingkan diri, keinginan seksual, iri hati dan bangga diri, nafsu badaniah akan digerakkan. Apabila kita berdepan situasi di mana sifat alami dosa digerakkan, minat dan rasa ingin tahu pula akan dibangkitkan. Ini akan membuatkan kita fikir bahawa dosa adalah baik. Pada saat ini, perkara badaniah akan diserlahkan dan ia membentuk menjadi kerja badaniah.

Contohnya, katakanlah seorang penganut baru mengambil keputusan untuk berhenti minum arak, tetapi dia masih mempunyai keinginan untuk minum alkohol, yang merupakan perkara badaniah. Jadi jika dia pergi ke bar atau tempat di mana orang ramai minum arak, nafsu badaniah untuk minum akan dirangsang. Hal ini akan menggerakkan keinginannya dan membuatkan dia minum alkohol dan mabuk.

Biar saya berikan satu lagi contoh. Jika kita mempunyai sifat menilai dan menghukum orang lain, kita akan cenderung untuk mahu mendengar khabar angin tentang orang lain. Kita mungkin fikir seronok mendengar dan menyebarkan khabar angin dan bergosip tentang orang lain. Jika kita mempunyai kemarahan dalam diri dan ada sesuatu yang tidak kita setujui, kita akan rasa disegarkan dan seronok jika dapat berasa marah kepada orang lain atau perkara lain disebabkannya. Jika kita cuba mengawal diri dan tidak menurut sifat badaniah untuk menjadi marah, kita rasakan ini sesuatu yang menyakitkan dan susah. Jika kita mempunyai sifat bongkak, dalam kebanggaan diri ini kita mungkin akan mempunyai satu lagi sifat badaniah iaitu membangga diri. Dalam kebanggaan diri juga kita mungkin mahu dilayan oleh orang lain berdasarkan sifat-sifat yang ada dalam diri kita. Jika kita mempunyai keinginan untuk menjadi kaya, kita akan cuba mendapatkan kekayaan dengan apa jua cara, sehingga merosakkan dan menyusahkan orang lain. Nafsu badaniah ini akan bertambah apabila kita melakukan lebih banyak dosa.

Namun, jika seseorang adalah penganut baru dan mempunyai keimanan yang lemah, jika dia berdoa dengan tekun, menerima kasih kurnia daripada hubungan dengan ahli lain, dan dipenuhi Roh Kudus, nafsi badaniahnya tidak akan dirangsang dengan mudah. Walaupun jika nafsu badaniah muncul dalam fikirannya, dia akan dapat menyingkirkannya dengan serta-merta, menggunakan kebenaran. Jika dia berhenti berdoa dan tidak mempunyai Roh Kudus sepenuhnya, dia akan memberikan ruang kepada musuh iaitu iblis dan Syaitan untuk merangsang nafsu badaniah.

Jadi, apa yang penting dalam menyingkirkan nafsu badaniah? Ia adalah menjaga kepenuhan Roh Kudus supaya keinginan untuk mencari roh akan lebih kuat berbanding keinginan mencari badaniah. Kita perlu sentiasa berjaga dalam kerohanian, seperti 1 Petrus 5:8 menyebutkan, "Sedarlah dan berjaga-jagalah. Lawanmu, si Iblis, berjalan keliling sama seperti singa yang mengaum-aum dan mencari orang yang dapat ditelannya."

Untuk melakukannya, kita tidak boleh berhenti berdoa dengan tekun. Walaupun kita sibuk dengan kerja Tuhan, kita akan kehilangan kepenuhan Roh Kudus jika kita berhenti berdoa. Kemudian jalan akan dibuka untuk nafsu badaniah dirangsang. Dengan cara ini, kita mungkin akan melakukan dosa dalam fikiran, dan seterusnya perbuatan. Itu sebabnya Yesus, Anak Tuhan, memberikan contoh yang baik iaitu Dia sentiasa berdoa semasa hidupNya di dunia. Dia tidak pernah berhenti berdoa untuk berkomunikasi dengan Tuhan Bapa dan mencapai kehendakNya.

Tentulah, jika anda membuang dosa dan mencapai kesucian, tidak akan ada nafsu badaniah yang muncul, dan oleh itu anda tidak akan tunduk kepada badaniah dan melakukan dosa. Jadi, orang yang suci akan berdoa bukan untuk menyingkirkan nafsu badaniah, tetapi untuk menerima kepenuhan Roh Kudus yang lebih tinggi dan untuk mencapai kerajaan Tuhan dengan lebih hebat.

Bagaimana jika kita manusia membuang najis pada pakaian? kita bukan sahaja akan mengesatnya, malah kita akan membasuh baju dengan sabun juga untuk membuang bau busuk. Jika ada cacing atau berenga pada pakaian kita, kita juga akan terkejut dan cuba membuangnya. Namun, dosa hati adalah lebih kotor daripada najis manusia atau cacing. Seperti yang dicatatkan dalam Matius 15:18, "Bangsa ini memuliakan Aku dengan bibirnya, padahal hatinya jauh dari padaKu," ia merosakkan manusia sehingga ke tulang dan sum sum serta menyebabkan kesakitan yang amat sangat.

Bagaimana jika seorang isteri mendapat tahu yang suaminya curang? Bukankah ini sesuatu yang amat menyakitkan baginya? Sama juga jika sebaliknya yang berlaku. Ia akan menyebabkan pertelingkahan dan mengganggu ketenangan keluarga, atau mungkin menjadi penyebab perpecahan keluarga. Oleh itu kita perlu dengan pantas menyingkirkan nafsu badaniah kerana ia melahirkan dosa dan keadaan yang tidak diingini.

Nafsu Mata

'Nafsu mata' merangsang hati dengan mendengar dan melihat serta menjadikan manusia mencari perkara badaniah. Walaupun dinamakan 'nafsu mata,' ia datang daripada hati manusia melalui proses melihat, mendengar, dan perasaan semasa mereka membesar. Apa yang mereka lihat dan dengar menggerakkan hati mereka untuk memberikan mereka perasaan, dan melalui hal ini mereka mendapat 'nafsu mata'.

Apabila anda melihat sesuatu, jika anda menerimanya dengan perasaan, anda akan ada perasaan yang sama jika anda melihatnya sekali lagi. Walaupun tanpa melihat, jika anda hanya mendengar tentang sesuatu, anda akan teringat pengalaman lepas dan hal ini merangsang nafsu mata anda. Jika anda berterusan menerima nafsu mata, ia akan menggerakkan nafsu badaniah, dan akhirnya anda akan melakukan dosa.

Apa yang berlaku apabila Daud ternampak Batsyeba, isteri Uria yang sedang mandi? Dia tidak menolak nafsu mata, malah menerimanya, dan ini menggerakkan nafsu badaniah yang memberikannya keinginan untuk bersama wanita itu. Akhirnya, dia bersama wanita itu dan melakukan dosa iaitu menghantar suami wanita ini ke barisan hadapan medan peperangan supaya dia terkorban. Disebabkan tindakannya, Daud berhadapan dengan ujian yang besar.

Jika kita tidak menyingkirkan nafsu mata, ia akan berterusan merangsang sifat alami dosa dalam diri kita. Contohnya, jika kita menonton bahan-bahan lucah, ia menggalakkan sifat alami dosa dalam diri kita. Apabila kita melihat dengan mata, nafsu mata akan datang kepada kita, dan Syaitan juga akan memimpin fikiran kita ke arah yang tidak benar.

Orang yang percaya kepada Tuhan tidak boleh menerima nafsu mata. Anda tidak boleh melihat atau mendengar perkara dusta, dan jangan pergi ke tempat di mana anda akan terdedah dengan perkara dusta. Tidak kira berapa banyak anda beribadat, berpuasa dan berdoa sepanjang malam untuk menyucikan badaniah, jika anda tidak menyingkirkan nafsu mata nafsu badaniah akan bertambah kuat dan digalakkan dengan lebih kuat juga. Hasilnya, anda tidak akan dapat menyingkirkan badaniah dengan mudah dan anda akan rasakan bahawa sukar untuk menentang dosa.

Contohnya, dalam peperangan, jika askar dalam tembok kota menerima bekalan daripada luar kota, mereka akan mendapat kekuatan untuk terus berjuang. Bukan mudah untuk menumpaskan musuh dalam tembok kota. Oleh itu, untuk menumpaskan kota, pertama sekali kita perlu mengepung kota dan menyekat bekalan supaya pasukan musuh tidak akan menerima apa-apa makanan atau senjata. Jika kita terus menyerang dalam situasi yang sama, pasukan musuh akhirnya akan tewas.

Menggunakan contoh ini, jika pasukan musuh adalah dusta, iaitu badaniah dalam diri kita, jadi bantuan dari luar kota adalah nafsu mata. Jika kita tidak menyingkirkan nafsu mata, kita tidak akan dapat menyingkirkan dosa walaupun dengan berpuasa dan berdoa, kerana sifat alami dosa akan terus mendapat kekuatan. Jadi, pertama sekali kita menyingkirkan nafsu mata dan berdoa serta berpuasa untuk menyingkirkan sifat alami dosa. Kemudian, kita akan dapat menyingkirkannya dengan kasih kurnia dan kekuatan Tuhan dan kepenuhan Roh Kudus.

Biar saya berikan satu lagi contoh. Jika kita terus-menerus menuang air bersih ke dalam bekas yang dipenuhi air kotor, air yang kotor akhirnya akan menjadi bersih. Tetapi apa akan jadi jika kita menuang air bersih dan pada masa yang sama menuang air kotor juga? Air yang kotor dalam bekas tidak akan bersih tidak kira berapa lama kita menuang, jika ia bukan air bersih. Dengan cara yang sama, kita tidak boleh menerima apa-apa dusta lagi, tetapi hanya menerima kebenaran supaya kita dapat menyingkirkan badaniah dan memupuk hati kita.

Kebanggaan Sombong Kehidupan

Manusia mempunyai kecenderungan untuk berbangga diri. "Kebanggaan sombong kehidupan" adalah "sifat menunjuk-nunjuk dan berlagak dalam diri kita berkenaan kesenangan hidup." Contohnya, mereka ingin berbangga tentang keluarga, anak-anak, suami atau isteri, pakaian mahal, rumah yang besar, atau barangan kemas. Mereka mahu dikagumi atas cara mereka berpakaian atau bakat mereka. Mereka juga berlagak tentang persahabatan dengan orang-orang berpengaruh atau selebriti. Jika anda mempunyai kebanggaan sombong kehidupan, anda menghargai kekayaan, kemasyhuran, pengetahuan, bakat dan perwatakan dan mencarinya.

Tetapi apakah gunanya berbangga dengan perkara begini? Pengkhutbah 1:2-3 menyatakan bahawa segala-galanya di dunia adalah sia-sia. Seperti yang dinyatakan dalam Mazmur 103:15, "Adapun manusia, hari-harinya seperti rumput, seperti bunga di padang demikianlah ia berbunga," berbangga dengan dunia ini tidak akan memberikan kita kehidupan yang benar. Ia kejam terhadap Tuhan dan membawa kita kepada kematian. Jika kita membuang badaniah yang tidak bermakna, kita akan bebas daripada berbangga atau nafsu dan akan mengikut hanya kebenaran.

1 Korintus 1:31 menyatakan bahawa orang yang berbangga sepatutnya berbangga dalam Yesus Kristus. Ini bermakna kita tidak sepatutnya berbangga untuk diri sendiri tetapi untuk keagungan Tuhan. Ini bermakna berbangga dengan salib dan Yesus Kristus yang menyelamatkan kita dan tentang kerajaan syurga yang Dia telah sediakan untuk kita. Kita juga patut berbangga tentang kasih kurnia, rahmat dan apa sahaja yang Tuhan telah berikan kepada kita. Apabila kita berbangga dalam Yesus, Tuhan bersuka cita dan Dia membalas semula dengan rahmat perkara fizikal dan rohani.

Tugas manusia adalah untuk takut dan mengasihi Tuhan, dan nilai setiap manusia akan ditentukan berdasarkan sejauh mana dia menjadi manusia roh (Pengkhutbah 12:13).

Apabila kita menyingkirkan semua dosa dan kejahatan, iaitu kerja badaniah dan perkara badaniah, serta mengembalikan imej Tuhan yang hilang, kita dapat berada pada tahap yang melebihi manusia pertama Adam, yang merupakan manusia roh. Ini bermakna kita akan menjadi manusia roh dan roh yang sempurna. Oleh itu, kita tidak boleh memberi ruang untuk badaniah dari segi nafsu, tetapi hanya memakaikan diri dengan Kristus.

Bab 4
Melampaui Tahap Roh Hidup

Apabila kita membuang fikiran badaniah, operasi jiwa milik badaniah akan hilang, dan hanya operasi jiwa milik roh yang akan tinggal. Jiwa mematuhi ketuanya iaitu roh dengan sepenuhnya melalui 'Amen'. Apabila ketua melakukan tugasnya dan orang suruhan menjalankan tugasnya, kita menyatakan bahawa jiwa ini makmur.

Hati Manusia Yang Terhad

Untuk Menjadi Manusia Dipenuhi Roh

Roh yang Hidup dan Roh Terasuh

Kasih Sayang Rohani adalah Kasih Sayang Sebenar

Menuju Kesucian

Bayi juga adalah manusia tetapi mereka masih belum boleh hidup seperti manusia sempurna. Mereka tidak mempunyai apa-apa pengetahuan. Mereka malah masih belum dapat mengenali ibu bapa mereka. Mereka tidak tahu cara untuk hidup. Sama juga, Adam yang diciptakan sebagai roh hidup, tidak dapat menjalankan tugasnya sebagai manusia pada permulaannya. Dia menjadi manusia yang bermakna hanya apabila dia dipenuhi pengetahuan tentang roh. Dia hidup sebagai tuan semua makhluk apabila dia mempelajari pengetahuan roh dari Tuhan, satu demi satu. Pada waktu itu, hati Adam adalah roh, dan tidak perlu menggunakan perkataan 'hati'.

Tetapi selepas dia berdosa, rohnya mati. Pengetahuan tentang roh mengalir keluar dari dirinya sedikit demi sedikit, dan dia sebaliknya diisi dengan pengetahuan badaniah oleh musuh iaitu iblis dan Syaitan. Hatinya tidak dapat dipanggil 'roh' lagi, dan sejak itu ia dipanggil 'hati'.

Pada asalnya, hati Adam dicipta dengan imej Tuhan yang merupakan roh. hati Adam juga dapat dibesarkan sejauh mana ia dipenuhi pengetahuan tentang roh. Tetapi selepas rohnya mati, pengetahuan tentang dusta mengelilingi roh, dan saiz hati telah mempunyai had tertentu. Melalui jiwa yang telah menjadi tuan manusia, manusia mula memasukkan pelbagai jenis pengetahuan, dan mereka mula menggunakan pengetahuan ini dengan pelbagai cara. Bergantung kepada pengetahuan dan pelbagai cara menggunakannya, hati manusia mula digerakkan dengan pelbagai cara.

Oleh itu, walaupun seseorang memiliki hati yang besar dan masih tidak mampu melebihi had yang ditetapkan oleh kebenaran individu, rangka kerja peribadi dan teori mereka. Tetapi apabila kita menerima Yesus Kristus, menerima Roh Kudus, dan melahirkan roh melalui Roh, kita akan dapat menjangkaui batasan kemanusiaan ini. Selain itu, sejauh mana kita memupuk hati roh, kita dapat mengesan dan belajar tentang dunia rohani yang tiada batasan.

Hati Manusia Yang Terhad

Apabila manusia roh mendengar Firman Tuhan, mesej ini masuk ke dalam otak terlebih dahulu, dan kemudian mereka akan menggunakan fikiran manusia. Atas sebab ini mereka tidak dapat menerima FirmanNya dengan hati mereka. Mereka tidak dapat menyedari perkara rohani atau mengubah diri mereka dengan kebenaran. Mereka cuba memahami dunia rohani dengan hati mereka yang terhad, dan oleh itu mereka mereka membuat banyak penilaian. Mereka juga mempunyai banyak salah faham dan penghakiman tentang tokoh terdahulu dalam Alkitab.

Apabila Tuhan memerintahkan Ibrahim untuk mengorbankan satu-satunya anak lelakinya Ishak, ada sesetengah orang menyatakan bahawa mungkin sukar untuk Ibrahim menurut perintah ini. Mereka menyatakan seperti berikut: Tuhan membenarkan dia berjalan selama tiga hari ke Gunung Moriah untuk menguji keimanan Ibrahim: dalam perjalanan, Ibrahim mempunyai masa untuk bersedih apabila dia berfikir sama ada mahu mematuhi perintah Tuhan atau tidak. Tetapi, akhirnya dia memilih untuk mematuhi perintah Tuhan.

Adakah Ibrahim benar-benar mempunyai masalah ini? Dia keluar awal pagi tanpa memberitahu isterinya, Sarah. Dia percaya sepenuhnya kepada kuasa dan kebaikan Tuhan yang dapat menghidupkan semula orang mati. Atas sebab ini dia dapat memberikan anak lelakinya Ishak tanpa ragu-ragu. Tuhan melihat ke dalam hatinya dan mengakui keimanan dan kasih sayangnya. Sebab itu, Ibrahim menjadi bapa keimanan dan dia digelar 'kawan Tuhan'.

Jika seseorang tidak memahami tahap keimanan dan kepatuhan yang dapat menyenangkan hati Tuhan, dia akan mempunyai salah faham tentang perkara begini kerana dia berfikir dalam hatinya dan tahap keimanannya yang terhad. Kita dapat memahami orang yang mengasihi Tuhan sepenuhnya dan menyenangkan hati Tuhan sehinggakan kita menyingkirkan dosa dan menyuburkan hati roh.

Untuk Menjadi Manusia Dipenuhi Roh

Tuhan adalah roh, dan Dia mahukan anak-anakNya akan menjadi manusia roh juga. Jadi apa yang perlu kita lakukan untuk menjadi manusia roh; yang mana jiwanya telah menjadi tuan roh dan tubuhnya? Yang paling penting, kita perlu membuang fikiran dusta, iaitu fikiran badaniah, supaya kita tidak akan dikawal oleh Syaitan. Sebaliknya, kita perlu mendengar suara Roh Kudus yang menggerakkan hati kita melalui Firman Tuhan. Kita perlu membiarkan jiwa kita mematuhi suara ini dengan sepenuhnya. Apabila kita mendengar Firman Tuhan, kita perlu menerima dengan 'Amen' dan berdoa dengan tekun sehingga kita memahami makna rohani Firman Tuhan.

Dengan berbuat demikian, jika kita menerima kepenuhan Roh Kudus, roh kita akan menjadi tuan, dan kita dapat tiba pada dimensi rohani dan berkomunikasi dengan Tuhan setiap hari. Dengan cara ini, apabila jiwa mematuhi tuan iaitu roh, sepenuhnya dan berkelakuan sebagai hamba, kita akan dapat katakan bahawa jiwa ini 'makmur'. Jika jiwa kita makmur, kita akan makmur dalam semua perkara dan menjadi sihat.

Jika kita faham operasi jiwa dengan jelas dan mengembalikannya dengan cara yang diingini Tuhan, kita tidak akan menerima apa-apa pengaruh daripada Syaitan. Dengan cara ini, kita akan dapat mengembalikan imej Tuhan yang hilang, disebabkan kejatuhan Adam. Sekarang, turutan roh, jiwa dan tubuh telah ditetapkan dengan betul, dan kita akan menjadi anak Tuhan yang benar. Kemudian, kita juga mampu pergi melebihi tahap roh hidup, yang merupakan tahap Adam. Kita bukan hanya akan menerima kekuasaan dan kuasa untuk memerintah semua perkara tetapi kita juga akan menikmati kegembiraan abadi di kerajaan syurga, iaitu pada tahap yang lebih tinggi berbanding Taman Syurgawi. Seperti yang dinyatakan dalam 2 Korintus 5:17, "Jadi siapa yang ada di dalam Kristus, ia adalah ciptaan baru: yang lama sudah berlalu, sesungguhnya yang baru sudah datang," kita akan menjadi makhluk baru dalam Yesus.

Roh yang Hidup dan Roh Terasuh

Apabila kita mematuhi perintah Tuhan yang melarang kita berbuat sesuatu dan menyuruh kita berbuat sesuatu, ini bermakna kita tidak melakukan kerja badaniah dan mengekalkan diri dalam kebenaran. Sehingga tahap ini, kita akan meningkat menjadi manusia roh. Selagi kita menjadi manusia badaniah yang mengamalkan dusta, kita mungkin akan mempunyai masalah atau penyakit, tetapi apabila kita menjadi manusia roh, kita akan makmur dalam semua perkara dan menjadi sihat.

Apabila kita menyingkirkan kejahatan seperti yang Tuhan perintahkan, 'perkara badaniah' dan fikiran badaniah akan disingkirkan, dan kita akan mempunyai jiwa milik kebenaran. Apabila kita hanya berfikir dalam kebenaran, kita akan mendengar suara Roh Kudus dengan lebih jelas. Jika kita benar-

benar patuh kepada perintah Tuhan yang menyuruh kita menyimpan, tidak menyimpan, atau menyingkirkan sesetengah perkara, kita akan diakui sebagai manusia roh kerana kita tidak mempunyai dusta dalam diri. Selain itu, jika kita benar-benar melakukan perintah Tuhan yang menyuruh kita melakukan sesetengah perkara, kita akan menjadi manusia roh.

Tambahan lagi, ada perbezaan besar antara manusia roh dan Adam yang dahulunya adalah roh hidup. Adam tidak pernah mengalami apa-apa yang bersifat badaniah melalui persiapan manusia, dan oleh itu, dia tidak boleh dianggap sebagai makhluk rohani. Dia tidak akan dapat memahami apa-apa tentang kesedihan, kesakitan, kematian atau perpisahan yang disebabkan badaniah. Ini bermakna, dia tidak juga mempunyai penghargaan atau kesyukuran sebenar, atau kasih sayang. Walaupun Tuhan amat mengasihinya, dia tidak dapat menghargai betapa indahnya kasih sayang ini. Dia menikmati kehidupan yang terbaik, tetapi dia dapat merasakan kegembiraan. Dia tidak dapat menjadi anak Tuhan yang sebenar yang dapat berkongsi hatinya dengan Tuhan. Hanya selepas seseorang melalui dan mengetahui tentang perkara badaniah, barulah mereka akan menjadi makhluk rohani.

Semasa Adam merupakan roh hidup, dia tidak mengalami apa-apa perkara badaniah. Oleh itu, dia sentiasa ada kemungkinan untuk menerima badaniah dan menjadi korup. Roh Adam tidak lengkap dan sempurna dalam erti kata sebenar, tetapi ia roh yang berkemungkinan mati. Itu sebabnya dia dinamakan makhluk hidup, yang bermakna roh hidup. Jadi, bagaimanakah roh hidup dapat menerima godaan Syaitan? Biar saya berikan satu perumpamaan.

Katakanlah ada dua orang anak lelaki yang patuh dalam sebuah keluarga. Salah seorang daripadanya pernah melecur air panas dan seorang lagi tidak. Suatu hari, ibunya menunjuk ke arah cerek yang penuh air mendidih dan berpesan supaya mereka jangan menyentuhnya. Biasanya mereka mematuhi ibu mereka, jadi kedua-duanya tidak menyentuh cerek.

Tetapi salah seorang anak ini mempunyai pengalaman bahawa cerek mendidih amat berbahaya, jadi dia mematuhi dengan rela. Dia juga faham hati ibu yang mengasihi mereka dan cuba melindungi mereka dengan memberi peringatan ini. Sebaliknya, anak yang seorang lagi yang tidak pernah mempunyai pengalaman ini, agak tertanya-tanya apabila melihat cerek yang mengeluarkan asap. Dia tidak memahami niat ibunya. Dia berkemungkinan akan cuba memegang cerek panas disebabkan rasa ingin tahu.

Hal ini sama juga dengan roh hidup Adam. Dia dengar bahawa dosa dan kejahatan amat ditakuti, tetapi tidak pernah mengalaminya. Jadi dia tidak mungkin benar-benar faham apa itu dosa dan kejahatan. Memandangkan dia tidak pernah mengalami perkara ini, dia menerima godaan Syaitan dengan kehendak sendiri dan makan buah terlarang.

Tidak seperti Adam, roh hidup yang tidak memahami perbezaan ini, Tuhan mahukan anak-anak yang benar yang mana, selepas mengalami badaniah, mempunyai hati roh dan tidak akan mengubah fikiran mereka dalam apa jua keadaan. Mereka memahami perbezaan antara badaniah dan roh dengan sebenar-benarnya. Mereka telah mengalami dosa dan kejahatan, dan kepedihan dunia, jadi mereka tahu betapa sakit, kotor dan tidak bermakna badaniah ini. Mereka juga mengenali roh dengan baik, iaitu lawan bagi badaniah. Mereka tahu betapa indah dan baiknya roh itu. Jadi, dengan kehendak sendiri, mereka tidak akan menerima badaniah lagi. Inilah perbezaan di antara roh hidup dan roh yang terasuh.

Roh hidup akan patuh tanpa syarat manakala roh terasuh akan patuh dari hati setelah mengalami kebaikan dan kejahatan. Tambahan lagi, manusia rohani yang telah menyingkirkan semua dosa dan kejahatan akan menerima rahmat masuk ke kerajaan ketiga Syurga dan manusia dengan roh penuh akan masuk ke bandar Baitulmuqaddis Baru.

Kasih Sayang Rohani adalah Kasih Sayang Sebenar

Apabila kita menjadi manusia roh dalam perjalanan keimanan, kita akan dapat rasakan kegembiraan dalam dimensi berbeza. Kita akan mempunyai ketenangan sebenar dalam hati. Kita akan sentiasa bergembira, beramal tanpa henti, dan bersyukur atas segala-galanya seperti yang dinyatakan dalam 1 Tesalonika 5:16-18. Kita memahami hati dan kehendak Tuhan yang memberikan kita kegembiraan sebenar, supaya kita mengasihi Tuhan dengan hati sebenar dan bersyukur kepadaNya.

Kita tahu bahawa Tuhan adalah kasih sayang, tetapi sebelum kita menjadi manusia roh, kita tidak akan dapat memahami apa itu kasih sayang. Hanya selepas kita memahami kehendak Tuhan melalui proses persiapan manusia, barulah kita akan benar-benar memahami bahawa Tuhan adalah kasih sayang itu sendiri dan bagaimana kita perlu mengasihi Tuhan melebihi segala-galanya.

Selagi kita tidak menyingkirkan badaniah dari hati kita, kasih sayang dan kesyukuran kita adalah tidak ikhlas. Walaupun kita katakan kita mengasihi Tuhan dan bersyukur kepadaNya, kita dapat mengubah takdir hidup kita apabila sesuatu perkara tidak lagi bermanfaat kepada kita. Kita katakan yang kita bersyukur apabila sesuatu yang baik berlaku, tetapi kita mudah lupa akan kasih kurnia ini selepas beberapa lama. Jika ada perkara sukar sukar di hadapan kita, daripada mengingati kasih kurnia, kita menjadi kecewa ataupun marah. Kita terlupa rasa kesyukuran dan kasih kurnia yang kita terima.

Tetapi kesyukuran manusia roh datang daripada kedalaman hati mereka, jadi ia tidak pernah berubah walaupun masa berlalu. Mereka memahami kehendak Tuhan yang menyiapkan manusia walaupun ia disertai kesakitan, dan mereka menyatakan kesyukuran yang sebenar dari lubuk hati mereka. Mereka benar-benar mengasihi dan bersyukur kepada Yesus Kristus yang disalib untuk kita dan Roh Kudus yang memimpin kita ke jalan yang benar. Kasih sayang dan kesyukuran mereka tidak pernah berubah.

Menuju Kesucian

Manusia dicemari dosa, tetapi selepas menerima Yesus Kristus dan menerima kasih kurnia penyelamatan, mereka dapat berubah dengan keimanan dan kuasa Roh Kudus. Mereka dapat melepasi tahap roh yang hidup juga. Sejauh mana dusta keluar dari diri mereka dan mereka dipenuhi kebenaran, mereka boleh menjadi manusia roh dengan mencapai kesucian dalam diri.

Dalam kebanyakan kes, apabila manusia melihat perkara jahat, mereka menggabungkan apa yang mereka lihat dengan dusta dalam diri mereka, dan mempunyai perasaan dan pemikiran jahat. Dengan cara ini, mereka akan lebih cenderung untuk menunjukkan amalan jahat. Tetapi manusia yang disucikan tidak mempunyai dusta dalam diri, jadi pemikiran dan amalan jahat tidak akan dilakukan. Mereka tidak melihat perkara jahat, tetapi jika mereka terlihat, ia tidak membawa kepada pemikiran atau amalan jahat.

Kita dianggap telah disucikan jika kita menyemai hati yang murni, yang tidak mempunyai cela atau kekotoran, dengan membuang semua kejahatan yang terletak dalam lubuk hati kita. Manusia yang hanya mempunyai pemikiran rohani, iaitu manusia yang melihat, mendengar, bercakap dan bertindak dalam kebenaran adalah anak-anak Tuhan yang sebenar, yang telah melepasi tahap roh.

Seperti yang dinyatakan dalam 1 Yohanes 5:18, "Kita tahu, bahawa setiap orang yang lahir dari Tuhan, tidak berbuat dosa; tetapi Dia yang lahir dari Tuhan melindunginya, dan si jahat tidak dapat menjamahnya," dalam dunia roh, kuasa tidak mempunyai dosa. Tanpa dosa, kita adalah suci. Atas sebab ini, kita akan mendapatkan semula kekuasaan yang telah diberikan kepada roh hidup, Adam, dan mengalahkan serta melemahkan musuh iaitu iblis dan Syaitan, sejauh mana kita menyingkirkan dosa.

Apabila kita menjadi manusia roh, iblis tidak dapat menyentuh kita, dan apabila kita menjadi manusia roh yang sempurna dan membina kebaikan dan kasih sayang, kita akan dapat menjalankan kerja berkuasa Roh Kudus dan melakukan perkara hebat dan besar.

Kita boleh menjadi manusia roh dan roh sepenuhnya dengan menjadi suci (1 Tesalonika 5:23). Jika kita fikirkan tentang Tuhan yang mempersiapkan manusia, dan telah bertahan dengan manusia begitu lama untuk mendapatkan anak-anak sebenar, kita akan memahami bahawa perkara yang paling bermakna di dalam kehidupan adalah untuk menjadi manusia roh dan roh sempurna.

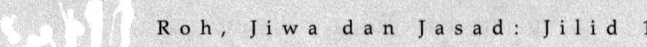 Roh, Jiwa dan Jasad: Jilid 1

Bahagian
3

Memulihkan Roh

Adakah Saya Manusia Badaniah atau Roh?

Apakah Bezanya Roh dan Roh Sempurna?

> "Jawab Yesus: "Aku berkata kepadamu, sesungguhnya jika seorang tidak dilahirkan dari air dan Roh ia tidak dapat masuk ke dalam Kerajaan Tuhan. Apa yang dilahirkan dari daging, adalah daging, dan apa yang dilahirkan dari Roh, adalah roh.""
> (Yohanes 3:5-6)

Bab 1
Roh yang Hidup dan Roh Terasuh

Manusia memerlukan penyelamatan kerana roh mereka telah mati. Kehidupan Kristian kita adalah proses di mana roh membesar selepas ia dibangkitkan semula.

Apakah itu Roh?

Memulihkan Roh

Proses Pertumbuhan Roh

Persiapan Tanah yang Subur

Sisa-sisa Badaniah

Bukti Menjadi Roh Terasuh

Rahmat Yang Diberikan Kepada Manusia Roh dan Roh Terasuh

Roh manusia mati disebabkan dosa Adam. Sejak itu, jiwa manusia yang menjadi tuan. Jiwa sentiasa menerima dusta dan menurut nafsu mereka. Akhirnya, mereka tidak menerima penyelamatan. Kerana mereka dikawal oleh jiwa yang berada di bawah pengaruh Syaitan, mereka akan melakukan dosa dan masuk ke Neraka. Itu sebabnya semua manusia perlu diselamatkan. Tuhan mencari anak-anak sebenar yang diselamatkan melalui persiapan manusia, iaitu Dia mencari manusia roh dan roh terasuh.

Seperti yang dinyatakan dalam 1 Korintus 6:17, "Tetapi siapa yang mengikatkan dirinya pada Tuhan, menjadi satu roh dengan Dia," Anak-anak Tuhan yang sebenar adalah yang telah bersatu dengan Yesus Kristus dalam roh.

Apabila kita menerima Yesus Kristus, kita akan hidup dalam kebenaran dengan bantuan Roh Kudus. Jika kita dalam kebenaran yang hakiki, ini bermakna kita menjadi manusia roh yang mempunyai hati Yesus. Ini adalah semasa kita satu roh dengan Yesus. Walaupun kita telah menjadi satu roh, roh Tuhan dan roh manusia adalah berbeza antara satu sama lain. Tuhan adalah roh sendiri tanpa jasad fizikal, tetapi roh manusia terkandung di dalam tubuh fizikal. Tuhan mempunyai bentuk roh milik syurga manakala manusia mempunyai bentuk roh dalam tubuh fizikal yang dicipta daripada habuk dari tanah. Ada banyak perbezaan di antara Tuhan Pencipta dan manusia yang merupakan ciptaan.

Apakah itu Roh?

Ramai orang beranggapan bahawa perkataan 'roh' sama maksudnya dengan perkataan 'jiwa'. The Merriam-Webster's Dictionary menyatakan bahawa roh adalah 'prinsip yang memberi dorongan atau prinsip penting yang dipegang untuk memberikan kehidupan kepada organisma fizikal, atau makhluk ghaib atau inti pati'. Tetapi roh pada pandangan Tuhan adalah sesuatu yang tidak pernah mati, tidak musnah atau berubah, tetapi bersifat abadi. Ini adalah kehidupan dan kebenaran itu sendiri.

Jika kita mencari sesuatu yang mempunyai sifat-sifat roh dalam dunia ini, contoh terbaik adalah emas. Kilauannya tidak pernah berubah walaupun ditelan masa, dan ia tidak musnah atau berubah. Itu sebabnya Tuhan mengibaratkan keimanan seperti emas tulen dan juga membina rumah di Syurga dengan emas dan batu berharga lain.

Manusia pertama, Adam, menerima sebahagian daripada sifat-sifat asal Tuhan apabila Tuhan menghembuskan nafas kehidupan ke dalam hidungnya. Dia diciptakan sebagai roh yang tidak sempurna. Ini kerana dia berkemungkinan untuk kembali menjadi makhluk badaniah dengan ciri-ciri tanah. Dia bukan semata-mata 'roh'. Dia merupakan 'roh hidup' iaitu 'makhluk hidup'.

Mengapakah Tuhan menciptakan Adam sebagai roh hidup? Ini kerana Dia mahukan Adam untuk menjangkaui dimensi roh hidup dengan mengalami badaniah melalui persiapan manusia dan menjadi manusia roh terasuh. Ini bukan hanya diharapkan daripada Adam, tetapi juga semua keturunannya. Atas sebab ini Tuhan telah menyediakan Penyelamat Yesus, dan Pembantu Roh Kudus walaupun sebelum masa bermula.

Memulihkan Roh

Adam tinggal dalam Taman Syurgawi sebagai roh hidup untuk jangka masa yang lama, tetapi akhirnya komunikasinya dengan Tuhan terputus disebabkan dosanya. Pada waktu itu, Syaitan mula menanam pengetahuan dusta dalam dirinya melalui jiwa. Dalam proses ini, pengetahuan roh yang telah diberikan oleh Tuhan mula hilang dan digantikan dengan kandungan badaniah iaitu pengetahuan dusta yang diberikan oleh Syaitan.

Semakin lama, kandungan badaniah mula mengisi manusia. Dusta menyelubungi dan memudarkan benih kehidupan dalam diri manusia. Ini seolah-olah dusta mengurung dan mengekang benih kehidupan supaya ia menjadi tidak aktif. Dalam keadaan di mana benih kehidupan menjadi benar-benar tidak aktif, kita katakan bahawa roh telah 'roh'. Dengan menyatakan bahawa roh telah mati bermakna Cahaya Tuhan yang dapat menjadikan benih kehidupan aktif telah hilang. Jadi, apa yang perlu kita lakukan untuk membangkitkan roh yang telah mati?

Pertama sekali, kita perlu dilahirkan daripada air dan Roh.

Apabila kita mendengar Firman Tuhan yang merupakan

kebenaran dan menerima Yesus Kristus sebagai Penyelamat peribadi, Tuhan memberikan kita hadiah Roh Kudus dalam hati. Yesus berkata dalam Yohanes 3:5, "Aku berkata kepadamu, sesungguhnya jika seorang tidak dilahirkan dari air dan Roh, ia tidak dapat masuk ke dalam Kerajaan Tuhan." Dari sini, kita dapat lihat bahawa kita hanya akan diselamatkan apabila kita dilahirkan daripada air, iaitu Firman Tuhan, dan Roh Kudus.

Roh Kudus datang ke dalam hati kita dan menyebabkan benih hati kita untuk menjadi aktif semula. Inilah yang dinamakan membangkitkan roh yang telah mati. Dia membantu menyingkirkan badaniah iaitu dusta, memusnahkan kerja dusta roh dan memberikan kita pengetahuan tentang kebenaran. Jika kita tidak menerima Roh Kudus, roh kita yang mati tidak dapat dibangkitkan dan kita tidak dapat memahami makna rohani Firman Tuhan. Firman yang tidak dapat kita fahami tidak akan dapat ditanam dalam hati kita dan kita tidak akan mendapat keimanan rohani. Kita akan mempunyai pemahaman rohani dan keimanan untuk percaya daripada hati hanya dengan bantuan Roh Kudus. Dengan ini, kita akan menerima kekuatan untuk mengamalkan Firman Tuhan dan hidup berdasarkannya apabila kita berdoa. Tanpa bantuanNya melalui doa, kita tiada kekuatan untuk mengamalkan Firman.

Kedua, kita perlu sentiasa melahirkan roh melalui Roh.

Apabila roh yang mati telah dibangkitkan dengan menerima Roh Kudus, kita perlu terus mengisi roh dengan pengetahuan tentang kebenaran. Ini dinamakan melahirkan roh melalui Roh. Apabila kita berdoa dengan tekun dengan bantuan Roh Kudus untuk menentang dosa sehingga ke tahap menumpahkan darah, kejahatan dan dusta di dalam hati akan hilang. Selain itu, sejauh mana kita menerima pengetahuan tentang kebenaran yang diberikan oleh Roh Kudus seperti kasih sayang, kebaikan, kebenaran, kelembutan dan merendah diri, kita akan terus-menerus mendapat kebenaran dan kebaikan dalam hati. Dalam kata lain, menerima kebenaran melalui Roh Kudus adalah langkah pengunduran yang diambil dalam proses di mana manusia menjadi korup sejak kejatuhan Adam.

Namun ada manusia yang menerima Roh Kudus tetapi tidak mengubah hati mereka. Mereka tidak mengikut keinginan Roh Kudus tetapi terus hidup dalam dosa dan mengikut keinginan badaniah. Pada mulanya, mereka cuba menyingkirkan dosa, tetapi tiba suatu masa mereka akan menjadi tidak bersungguh-sungguh dalam keimanan dan berhenti menentang dosa. Apabila mereka berhenti menentang dosa, mereka akan lebih rapat dengan dunia atau melakukan dosa. Hati mereka yang telah mula suci dan putih akan menjadi kotor dengan dosa semula. Walaupun kita telah menerima Roh Kudus, jika hati kita terus diselubungi dusta, benih kehidupan dalam diri kita tidak akan mendapat kekuatan.

1 Tesalonika 5:19 mengingatkan kita dan berkata, "Janganlah padamkan Roh." Kita akan mencapai keadaan di mana kita mempunyai nama yang kita hidup, tetapi selagi kita tidak berubah selepas menerima Roh Kudus, kita adalah mati (Wahyu 3:1). Jadi, walaupun kita telah menerima Roh Kudus, Roh Kudus ini akan sedikit demi sedikit hilang jika kita terus hidup dalam dosa dan kejahatan.

Oleh itu, kita perlu sentiasa cuba mengubah hati sehingga ia menjadi hati kebenaran sepenuhnya. Dalam 1 Yohanes 2:25 menyatakan, "Dan inilah janji yang telah dijanjikanNya sendiri kepada kita, iaitu hidup yang kekal." Ya, Tuhan telah memberikan kita satu janji. Tetapi, janji ini datang dengan satu syarat.

Kita perlu bersatu dengan Yesus dan Tuhan dengan mengamalkan Firman Tuhan yang telah kita dengar, supaya Tuhan memberikan kita kehidupan abadi. Kita tidak akan menerima penyelamatan walaupun jika kita menyatakan bahawa percaya kepada Tuhan melainkan kita hidup dalam Tuhan dan Yesus.

Proses Pertumbuhan Roh

Yohanes 3:6 menyatakan, "Apa yang dilahirkan dari daging, adalah daging, dan apa yang dilahirkan dari Roh, adalah roh." Seperti yang tertulis, kita tidak akan dapat melahirkan roh jika kita kekal dalam badaniah.

Oleh itu, apabila kita telah menerima Roh Kudus dan roh kita yang mati telah dibangkitkan, roh akan terus berkembang. Bagaimana jika bayi tidak membesar dengan baik atau tidak membesar langsung? Bayi ini tidak akan dapat hidup secara normal. Hal ini sama juga dengan kehidupan rohani. Anak-anak Tuhan yang mendapat kehidupan mesti sentiasa meningkatkan keimanan dan mengembangkan roh mereka.

Alkitab memberitahu kita bahawa ukuran keimanan setiap manusia adalah berbeza (Roma 12:3). Dalam 1 Yohanes 2:12-14, ia memberitahu kita tentang pelbagai jenis tahap keimanan, membahagikannya kepada keimanan anak kecil, kanak-kanak, anak muda dan bapa:

Aku menulis kepada kamu, hai anak-anak, sebab dosamu

telah diampuni oleh karena namaNya Aku menulis kepada kamu, hai bapa-bapa, kerana kamu telah mengenal Dia, yang ada dari mulanya. Aku menulis kepada kamu, hai orang-orang muda, kerana kamu telah mengalahkan yang jahat. Aku menulis kepada kamu, hai anak-anak, kerana kamu mengenal Bapa. Aku menulis kepada kamu, hai bapa-bapa, kerana kamu mengenal Dia, yang ada dari mulanya. Aku menulis kepada kamu, hai orang-orang muda, kerana kamu kuat dan firman Tuhan diam di dalam kamu dan kamu telah mengalahkan yang jahat.

Sejauh mana kita mengubah diri untuk mendapatkan hati yang suci, Tuhan memberikan kita keimanan dari syurga. Ini adalah keimanan yang kita dapat percaya dari hati, iaitu 'melahirkan roh melalui Roh'. Inilah yang dilakukan oleh Roh Kudus: Roh Kudus membenarkan kita melahirkan roh dan membantu kita meningkatkan keimanan. Roh Kudus datang ke dalam hati kita dan mengajarkan tentang dosa, kebenaran, dan penghakiman (Yohanes 16:7-8). Dia membantu kita percaya dengan Yesus Kristus.

Dia juga membantu kita memahami makna rohani yang terkandung dalam Firman Tuhan dan menerimanya dengan dengan hati. Dalam proses ini, kita akan mendapatkan semula imej Tuhan yang hilang dan menjadi anak Tuhan yang sebenar, iaitu manusia roh dan roh terasuh.

Supaya roh kita dapat berkembang, pertama sekali kita perlu memusnahkan fikiran badaniah. Fikiran badaniah terbentuk apabila dusta dalam hati kita keluar melalui operasi jiwa dusta. Contohnya, jika anda mempunyai kejahatan dalam hati dan jika anda mendengar seseorang mengumpat tentang anda, anda akan menjalani operasi jiwa. Anda akan mempunyai fikiran badaniah apabila memikirkan orang itu tidak sopan, dan anda akan berasa tersinggung dan perasaan negatif lain akan timbul.

Pada saat ini, Syaitan yang mengawal jiwa. Syaitanlah yang memasukkan fikiran jahat. Melalui operasi jika, dusta dalam hati iaitu perkara badaniah, seperti perasaan marah, kebencian, keras hati dan bangga diri akan timbul. Anda mahu berhadapan dengan orang ini dan tidak mahu cuba memahaminya.

Perkara badaniah yang telah disebutkan sebelum ini juga termasuk dalam fikiran badaniah. Jika perasaan sentiasa betul, konsep diri atau teori seseorang keluar daripada operasi jiwa, ini juga dinamakan perkara badaniah. Katakanlah seseorang mempunyai rangka kerja pemikiran yang mana dia percaya adalah benar untuk tidak berkompromi dalam keimanan. Dia akan terus berfikir bahawa ideanya betul dan bergaduh dengan orang lain, walaupun dalam situasi di mana dia perlu mempertimbangkan tahap keimanan dan situasi orang lain. Katakanlah, seseorang mempunyai pandangan tentang hal tertentu dan percaya bahawa sukar untuk mendapatkan sesuatu memandangkan realiti keadaan itu. Ini juga dianggap fikiran badaniah.

Walaupun selepas menerima Roh Kudus dengan menerima Yesus Kristus, kita masih mempunyai fikiran badaniah sejauh mana kita mempunyai badaniah yang masih belum disingkirkan. Kita mempunyai fikiran badaniah apabila kita mendapatkan pengetahuan kebenaran iaitu Firman Tuhan, tetapi kita mempunyai fikiran badaniah apabila kita mendapat pengetahuan tentang dusta. Roh Kudus tidak dapat memberikan pengetahuan kebenaran setakat mana kita mempunyai fikiran badaniah.

Itusebabnya Roma 8:5-8 menyatakan, "Sebab mereka yang

hidup menurut daging, memikirkan hal-hal yang dari daging; mereka yang hidup menurut Roh, memikirkan hal-hal yang dari Roh. Kerana keinginan daging adalah maut, tetapi keinginan Roh adalah hidup dan damai sejahtera. Sebab keinginan daging adalah perseteruan terhadap Tuhan, kerana ia tidak takluk kepada hukum Tuhan; hal ini memang tidak mungkin baginya. Mereka yang hidup dalam daging, tidak mungkin berkenan kepada Tuhan."

Ayat ini menyatakan bahawa kita akan dapat mencapai tahap roh hanya apabila kita membuang fikiran badaniah. Orang yang kekal dalam badaniah akan mempunyai fikiran badaniah, dan hasilnya, mereka mempunyai fikiran, perkataan dan kelakuan yang menentang Tuhan.

Salah satu contoh yang jelas menentang Tuhan disebabkan badaniah berlaku kepada Raja Saul dan 1 Samuel 15. Tuhan memerintahkannya untuk menyerang Amalek, dan memusnahkan segala-galanya di sana. Ini adalah sebahagian daripada hukuman yang mereka terima kerana menentang Tuhan pada masa lalu.

Namun selepas Saul memenangi peperangan, dia mengambil ternakan yang bagus dan menyatakan bahawa dia mahu mempersembahkannya kepada Tuhan. Dia juga menangkap raja Amalek dan tidak membunuhnya. Dia mahu bermegah-megah dengan kejayaannya. Dia ingkar kerana dia mempunyai fikiran badaniah yang datang dari ketamakan dan kesombongan. Matanya dibutakan dengan ketamakan dan kesombongan, dia terus menggunakan fikiran badaniah dan akhirnya berhadapan dengan kematian yang mengerikan.

Sebab utama kita mempunyai fikiran badaniah adalah kerana kita mempunyai dusta dalam hati Jika kita hanya mempunyai pengetahuan tentang kebenaran dalam hati, kita tidak pernah akan ada fikiran badaniah. Manusia yang tidak mempunyai fikiran badaniah hanya akan mempunyai fikiran rohani. Mereka mematuhi suara dan bimbingan Roh Kudus, supaya mereka akan dikasihi Tuhan dan mengalami kerjaNya,

Jadi kita perlu tekun menyingkirkan dusta dan mengisi diri dengan pengetahuan tentang kebenaran, iaitu Firman Tuhan. Untuk mengisi diri dengan pengetahuan kebenaran tidak bermakna kita hanya mengetahui hal ini, tetapi mesti mengisi dan menyuburkan hati dengan Firman Tuhan. Pada masa yang sama kita perlu menggantikan fikiran sendiri dengan fikiran rohani. Apabila kita berinteraksi dengan orang lain atau melihat perkara tertentu, kita tidak boleh menghakimi dan mengutuk dengan pandangan sendiri, tetapi kita perlu melihatnya dari segi kebenaran. Kita perlu sentiasa memastikan bahawa kita melayan orang lain dengan kebaikan, kasih sayang dan kebenaran pada setiap saat, supaya kita dapat berubah. Dengan cara ini kita akan dapat berkembang secara rohani.

Persiapan Tanah yang Subur

Amsal 4:23 menyatakan, "Jagalah hatimu dengan segala kewaspadaan, kerana dari situlah terpancar kehidupan." Ia menyatakan bahawa sumber kehidupan yang memberikan kita kehidupan abadi datang dari hati. Kita dapat menuai hasil hanya apabila kita menyemai benih di tanah supaya ia bercambah, berbunga dan menghasilkan buah. Dengan cara yang sama, kita akan mendapat buah rohani hanya selepas benih Firman Tuhan jatuh ke ladang hati kita.

Firman Tuhan, yang merupakan sumber kehidupan, mempunyai dua fungsi apabila ia ditanam dalam hati. Ia menyingkirkan dosa dan dusta keluar dari hati, dan ia membantu mendapatkan hasil tanaman. Alkitab mengandungi banyak perintah tetapi semua perintah termasuk dalam satu daripada empat kategori ini. Buat; jangan buat; simpan dan singkirkan sesetengah perkara. Contohnya, Alkitab memberitahu kita supaya 'menyingkirkan' perasaan tamak dan semua bentuk kejahatan. Contoh bagi 'Jangan buat' termasuklah 'jangan membenci', atau 'jangan menghakimi'. Apabila kita mematuhi perintah ini, dosa akan ditarik dari hati kita. Ini bermakna Firman Tuhan datang dekat ke hati kita dan menyuburkan hati kita menjadi tanah yang subur.

Tetapi ia tidak bermakna jika kita berhenti menyuburkan tanah ini. Kita perlu menyemai benih kebenaran dan kebaikan di atas tanah yang dibajak supaya kita akan mendapat sembilan buah Roh Kudus, dan mendapat rahmat Kerahmatan dan kasih sayang rohani. Untuk mendapat buah bermakna mematuhi perintah yang menyuruh kita menyimpan dan melakukan sesetengah perkara. Apabila kita menyimpan dan mengamalkan perintah Tuhan, kita akhirnya akan mendapat buah.

Proses menjadi manusia roh, seperti yang dinyatakan dalam bahagian pertama bab ini dalam 'Penggemburan', adalah sama seperti menggembur tanah dalam hati kita. Kita menukarkan tanah yang gersang menjadi ladang dengan tanah yang subur dengan menggembur tanah, membuang batu dan mencabut semua rumput. Dengan cara yang sama, kita perlu menyingkirkan semua kerja badaniah dan perkara badaniah untuk mematuhi

Firman Tuhan yang menyuruh kita 'Jangan lakukan', dan 'Menyingkirkan' beberapa perkara. Setiap manusia mempunyai jenis kejahatan yang berbeza. Jadi, jika kita menarik keluar akar kejahatan yang dirasakan paling sukar untuk disingkirkan, semua jenis bentuk kejahatan yang terikat dengannya akan keluar bersama-samanya. Contohnya, jika seseorang mempunyai perasaan cemburu menyingkirkan cemburu, bentuk kejahatan lain yang terikat dengannya seperti kebencian, mengumpat dan perkara yang salah akan ditarik keluar bersama dengannya.

Apabila kita menarik keluar akar utama iaitu kemarahan, bentuk kejahatan lain seperti keradangan dan kekecewaan akan ditarik keluar juga. Jika kita berdoa dan menyingkirkan kemarahan, Tuhan memberikan kita kasih kurnia dan kekuatan serta bantuan Roh Kudus untuk kita menyingkirkannya. Apabila kita terus mengaplikasikan Firman kebenaran dalam kehidupan seharian, kita akan mempunyai kepenuhan Roh Kudus, dan kuasa badaniah akan dilemahkan. Katakanlah seseorang berasa marah 10 kali sehari, tetapi apabila frekuensi dikurangkan kepada sembilan kali, tujuh kali dan lima kali, akhirnya ia akan hilang. Dengan berbuat demikian, jika kita menukarkan hati kepada tanah yang subur dengan menyingkirkan sifat alami dosa, hati ini menjadi hati 'roh'.

Selain itu, kita perlu menanam Firman kebenaran yang menyuruh kita melakukan dan menyimpan beberapa perkara, seperti untuk mengasihi, memaafkan, berkhidmat kepada orang lain, dan menghormati hari Sabat. Di sini, kita tidak mula memenuhkan diri dengan kebenaran hanya selepas kita selesai menyingkirkan semua dusta. Menyingkirkan dusta dan menggantikannya dengan kebenaran mesti dilakukan pada masa yang sama. Apabila kita hanya mempunyai kebenaran dalam hati melalui proses ini, kita akan dianggap sebagai manusia roh.

Salah satu perkara yang kita perlu singkirkan untuk menjadi manusia roh adalah kejahatan yang merupakan sifat alami kita. Untuk membandingkannya dengan tanah, kejahatan sifat alami ini adalah seperti sifat tanah. Kejahatan ini diperturunkan daripada ibu bapa kepada anak melalui tenaga kehidupan atau dinamakan 'chi.' Jika kita mempunyai kaitan atau menerima perkara kejahatan semasa pertumbuhan, sifat alami kita akan menjadi lebih jahat. Kejahatan dalam sifat alami kita tidak akan terlihat dalam keadaan biasa, dan sukar untuk menyedarinya.

Jadi, walaupun kita telah menyingkirkan semua dosa yang terlihat pada permukaan, menyingkirkan kejahatan yang terletak jauh di dalam sifat alami bukanlah sesuatu yang mudah dilakukan. Untuk melakukan hal ini kita perlu berdoa dengan tekun dan menambahkan usaha untuk mencarinya dan menyingkirkannya.

Dalam sesetengah kes, kita mempunyai penutup dalam perkembangan rohani selepas kita tiba ke suatu tahap. Ini adalah disebabkan kejahatan dalam sifat alami kita. Untuk membuang rumput, kita perlu mencabutnya dari akar, dan bukan hanya daun dan batang. Dengan cara yang sama, kita akan mendapat hati roh hanya selepas kita menyedari dan menyingkirkan kejahatan dalam sifat alami juga. Apabila kita menjadi manusia roh dengan cara ini, hati nurani kita akan menjadi kebenaran sendiri, dan hati kita akan dipenuhi dengan hanya kebenaran. Ini bermakna hati kita akan menjadi roh itu sendiri.

Sisa-sisa Badaniah

Manusia roh tidak mempunyai apa-apa kejahatan dalam hati, dan memandangkan mereka dipenuhi Roh mereka akan sentiasa gembira. Tetapi ini bukanlah sesuatu yang sempurna. Kita masih mempunyai 'sisa-sisa badaniah'. Sisa-sisa badaniah dikaitkan dengan personaliti atau sifat alami semula jadi setiap manusia. Contohnya, sesetengahnya adalah kebenaran dan perasaan benar serta berterus-terang, tetapi kekurangan kemurahan hati dan perasaan belas kasihan. Ada orang lain mungkin dipenuhi kasih sayang dan keseronokan memberi kepada orang lain, tetapi mereka mungkin terlalu beremosi atau kata-kata dan kelakuan mereka mungkin kasar.

Disebabkan ciri-ciri ini kekal sebagai sisa badaniah dalam personaliti mereka, ia masih memberi kesan walaupun setelah mereka menjadi roh. Ia sama seperti pakaian yang mempunyai kesan kotoran lama. Warna asal pakaian tidak akan dikembalikan walaupun anda mencucinya dengan berkali-kali. Sisa-sisa badaniah ini tidak boleh dianggap kejahatan, tetapi kita perlu menyingkirkannya dan dipenuhi dengan sembilanbuah Roh dengan sepenuhnya, yang membolehkan kita untuk masuk menjadi roh sempurna. Kita boleh katakan bahawa hati yang tidak mempunyai dusta langsung seperti tanah yang digembur dengan baik, sebagai 'roh'. Apabila benih ditanam dengan baik dalam ladang hati dan ia mengeluarkan hasil buah-buahan roh yang baik, kita dapat menganggapnya hati 'roh terasuh'.

Apabila Raja Daud menjadi roh, Tuhan memberikannya satu ujian. Suatu hari, Daud mengarahkan Joab untuk membuat bancian. Ini bermakna mereka mengira jumlah orang yang layak pergi ke medan perang. Joab tahu hal ini tidak benar pada pandangan Tuhan dan cuba memujuk Daud untuk tidak melakukannya. Tetapi Daud tidak mengendahkannya. Kesannya, kemarahan Tuhan datang, dan ramai orang menjadi mangsa akibat wabak.

Daud benar-benar memahami kehendak Tuhan, jadi bagaimanakah dia dapat menyebabkan sesuatu seperti itu daripada berlaku? Daud telah dikejar oleh Raja Saul untuk tempoh yang lama dan berperang dalam banyak peperangan dengan orang bukan Yahudi. Dia pernah diburu dan nyawanya diancam oleh anak lelakinya sendiri. Tetapi selepas beberapa lama, setelah kuasa politiknya bertambah kukuh dan kuasa bangsanya bertambah kuat, dia menjadi lemah apabila mindanya semakin tenang. Dia kini mahu berbangga tentang jumlah penduduk yang ramai di negaranya.

Seperti yang dinyatakan dalam Keluaran 30:12, "Apabila engkau menghitung jumlah orang Israel pada waktu mereka didaftarkan, maka haruslah mereka masing-masing mempersembahkan kepada TUHAN wang pendamaian kerana nyawanya, pada waktu orang mendaftarkan mereka, supaya jangan ada tulah di antara mereka pada waktu pendaftarannya itu," Tuhan pernah memerintahkan orang Israel untuk membuat bancian selepas Keluaran, tetapi tujuannya untuk mengatur masyarakat. Setiap seorang daripada mereka perlu memberi wang perdamaian bagi dirinya kepada TUHAN, dan ini supaya mereka ingat bahawa kehidupan semua orang wujud disebabkan perlindungan Tuhan dan supaya mereka menjadi rendah diri. Mengambil banci bukanlah satu dosa; ia boleh dilakukan apabila perlu. Tetapi Tuhan mahukan kerendahan diri di hadapan Tuhan dengan mengakui bahawa kuasa mempunyai ramai rakyat datang dari Tuhan.

Tetapi Daud membuat bancian walaupun ia tidak diperintahkan oleh Tuhan. Ini secara intipatinya adalah untuk memperlihatkan hatinya yang tidak bergantung kepada Tuhan tetapi kepada manusia, kerana dia mempunyai ramai rakyat dan askar serta negaranya kuat. Apabila Daud menyedari kesilapannya, dia bertaubat dengan serta-merta, tetapi dia telahpun berada di jalan yang penuh ujian. Wabak melanda seluruh tanah Israel dan 70,000 orang orang terkorban serta-merta.

Namun, ramai orang yang mati bukanlah hanya disebabkan kesombongan Daud semata-mata. Seorang raja boleh membuat bancian pada bila-bila masa, dan niatnya bukanlah untuk melakukan dosa. Oleh itu, dari pandangan manusia, kita tidak boleh katakan yang dia berdosa. Tetapi pada pandangan Tuhan yang sempurna, Dia mungkin menyatakan yang Daud tidak bergantung kepada Tuhan dengan sepenuhnya dan dia sombong.

Ada perkara yang tidak dianggap jahat pada pandangan manusia, tetapi pada pandangan Tuhan yang sempurna, ia mungkin dianggap jahat. Inilah 'sisa-sisa badaniah' yang kekal selepas seseorang menjadi suci. Tuhan membenarkan ujian sebegini terhadap Israel melalui Daud untuk menjadikannya lebih sempurna dengan membuang sisa-sisa badaniah begini. Tetapi alasan utama mengapa wabak melanda tanah Israel adalah kerana dosa manusia yang membangkitkan kemarahan Tuhan. 2 Samuel 24:1 menyatakan, " Bangkitlah pula murka TUHAN terhadap orang Israel; Dia menghasut Daud melawan mereka, firman-ya: „Pergilah, hitunglah orang Israel dan orang Yehuda.‟"

Jadi, dalam wabak, orang baik yang mungkin dapat

diselamatkan tidak menerima hukuman. Orang yang mati adalah orang yang melakukan dosa dan mereka tidak diterima Tuhan. Tetapi bagi Daud, dia begitu bersih dan bertaubat dengan sesungguhnya melihat orang lain mati disebabkan tindakannya. Jadi Tuhan bekerja dua kali melalui satu insiden. Dia menghukum manusia yang berdosa dan pada masa yang sama memperhalusi Daud.

Selepas hukuman, Tuhan membenarkan Daud memberikan korban dosa di atas lantai pembanting di Araunah. Daud mematuhi apa yang Tuhan perintahkan kepadanya. Dia mengambil tempat itu dan mula bersiap-sedia untuk pembinaan Rumah Ibadat, jadi kita dapat lihat yang dia mendapat kembali kasih kurnia Tuhan. Melalui ujian ini, Daud merendahkan dirinya dengan lebih lagi dan ia satu langkah baginya untuk masuk ke roh terasuh.

Bukti Menjadi Roh Terasuh

Jika kita mencapai tahap roh terasuh, akan ada bukti, yang bermakna kita akan memiliki banyak buah rohani. Tetapi ini tidak bermakna kita tidak akan mendapat buah sehingga kita mencapai tahap roh terasuh. Manusia roh sedang dalam proses mendapatkan buah kasih sayang roh, buah Cahaya, sembilan buah Roh Kudus dan Kerahmatan. Memandangkan mereka masih dalam proses, mereka masih belum mendapat buah tersebut secara sempurna. Setiap manusia roh mempunyai tahap pemilikan buah rohani yang berbeza.

Contohnya, jika seseorang mematuhi perintah Tuhan yang menyuruh kita 'menyimpan' dan 'menyingkirkan' sesetengah perkara, dia tidak akan mempunyai kebencian atau perasaan tersinggung dalam apa jua situasi. Tetapi ada perbezaan dalam ukuran pemilikan buah antara manusia berbeza roh, dari segi perintah Tuhan yang menyuruh kita melakukan sesetengah perkara. Contohnya, Tuhan menyuruh kita 'berkasih-sayang'. Dan ada tahap di mana anda tidak membenci sesiapa manakala ada tahap di mana anda dapat menggerakkan hati orang lain dengan khidmat aktif. Selain itu, ada tahap di mana anda sanggup mengorbankan nyawa untuk orang lain. Apabila amalan jenis ini tidak berubah dan sempurna, kita boleh katakan bahawa anda telah menyuburkan roh terasuh.

Ada juga perbezaan dalam kalangan manusia dalam ukuran pemilikan buah Roh Kudus. Dalam kes manusia roh, seseorang boleh mendapatkan buah, sehingga tahap 50% ukuran sepenuhnya dan buah lain pada tahap 70%. Seseorang mungkin mempunyai banyak kasih sayang tetapi kurang kawalan diri, atau mempunyai keimanan yang tinggi, tetapi kurang kelembutan.

Tetapi bagi manusia roh terasuh, mereka dapat memiliki setiap buah Roh Kudus dengan sempurna pada tahap sepenuhnya. Roh Kudus menggerakkan dan mengawal hati mereka 100%, jadi mereka mempunyai keharmonian dalam semua perkara tanpa kekurangan apa pun. Mereka mempunyai semangat yang tinggi terhadap Yesus dan pada masa yang sama mempunyai kawalan diri sempurna untuk berkelakuan dengan sesuai dalam semua situasi.

Mereka lembut dan halus seperti kapas, namun mempunyai harga diri dan kekuasaan seperti singa. Mereka mempunyai kasih sayang untuk mendapatkan manfaat bagi orang lain dalam semua perkara, malah mengorbankan diri sendiri untuk orang lain, tetapi tidak berat sebelah. Mereka mematuhi keadilan Tuhan. Walaupun apabila Tuhan memerintahkan mereka untuk melakukan sesuatu yang mustahil oleh keupayaan manusia, mereka patuh dengan berkata 'Ya' dan 'Amin'.

Dari luaran, amalan kepatuhan bagi manusia roh dan manusia roh terasuh kelihatan sama, tetapi sebenarnya adalah berbeza. Manusia roh patuh kerana mereka mengasihi Tuhan manakala manusia roh terasuh patuh kerana mereka memahami hati yang mendalam dan niat Tuhan. Manusia roh terasuh menjadi anak-anak Tuhan sebenar yang mempunyai hatiNya, dan telah mencapai ukuran sebenar Kristus dalam semua aspek. Mereka mengejar kesucian dalam semua perkara dan berasa aman dengan semua orang dan setia dalam semua rumah Tuhan.

1 Tesalonika 4:3 menyatakan, " Kerana inilah kehendak Tuhan: pengudusanmu, iaitu supaya kamu menjauhi percabulan." Dan 1 Tesalonika 5:23 menyatakan, "Semoga Tuhan damai sejahtera menguduskan kamu seluruhnya dan semoga roh, jiwa dan tubuhmu terpelihara sempurna dengan tak bercacat pada kedatangan Yesus Kristus, Tuhan kita."

Kedatangan Yesus Kristus bermakna Dia akan datang dan mengambil anak-anakNya sebelum Bencana Tujuh Tahun. Ini bermakna kita perlu mencapai tahap roh terasuh dan menjaga diri sendiri sepenuhnya untuk bertemu dengan Yesus sebelum ini berlaku. Apabila kita mencapai roh terasuh, jiwa dan jasad kita akan dimiliki roh, tidak bersalah dan dapat menerima Yesus.

Rahmat Yang Diberikan Kepada Manusia Roh dan Roh Terasuh

Bagi manusia roh, jiwa mereka akan makmur, jadi smeua perkara akan makmur bersama mereka dan mereka akan sihat (3 Yohanes 1:2). Mereka telah menyingkirkan kejahatan sehingga berada jauh dalam lubuk hati, jadi mereka adalah anak-anak Tuhan yang suci dalam erti kata sebenar. Jadi mereka dapat menikmati kuasa rohani seperti anak-anak Cahaya.

Pertama, mereka sihat dan tidak mendapat penyakit. Apabila kita menjadi roh, Tuhan melindungi kita daripada penyakit dan kemalangan, dan kita akan menikmati kehidupan yang sihat. Walaupun selepas menjadi tua, kita tidak akan bertambah tua atau menjadi lemah, dan kita tidak akan berkedut. Selain itu, jika kita menjadi roh terasuh, kedut-kedut di wajah akan dipulihkan. Mereka malah bertambah muda dan menjadi lebih bertenaga.

Apabila Ibrahim lulus ujian menyerahkan Isyak, dia dia menjadi roh terasuh; dan mendapat anak walaupun selepas mencecah umur 140 tahun. Ini bermakna dia telah dipermudakan. Musa merupakan orang yang amat merendah diri dan lemah-lembut di dunia, dan dia bekerja keras selama 40 tahun selepas mendapat panggilan Tuhan pada usia 80 tahun. Walaupun selepas dia berusia 120 tahun, 20, " matanya belum kabur dan kekuatannya belum hilang" (Ulangan 34:7).

Kedua, manusia roh tidak mempunyai kejahatan dalam hati, jadi musuh iaitu iblis dan Syaitan tidak akan dapat memberikan apa-apa ujian atau dugaan kepada mereka. 1 Yohanes 5:18 menyatakan, "Kita tahu, bahawa setiap orang yang lahir dari Tuhan, tidak berbuat dosa; tetapi Dia yang lahir dari Tuhan melindunginya, dan si jahat tidak dapat menjamahnya." Musuh iaitu iblis dan Syaitan menuduh manusia badaniah dan membawakan ujian dan dugaan kepada mereka.

Ayub pada mulanya berada dalam keadaan di mana dia tidak menyingkirkan semua kejahatan dari dalam sifat alaminya, jadi apabila Syaitan menuduhnya di hadapan Tuhan, dan Tuhan membenarkan ujian diberikan terhadapnya. Ayub menyedari kejahatannya dan bertaubat semasa dia menjalani ujian tersebut yang disebabkan oleh tuduhan Syaitan. Tetapi selepas dia menyingkirkan kejahatan dalam sifat alaminya dan masuk ke dalam roh, Syaitan tidak dapat menuduh Ayub lagi. Jadi, Tuhan merahmatinya dua kali ganda daripada apa yang dia ada.

Ketiga, manusia roh mendengar suara dengan jelas dan menerima bimbingan Roh Kudus, jadi mereka dibimbing ke jalan kejayaan dalam semua hal. Bagi manusia roh, hati mereka sendiri telah bertukar menjadi kebenaran, jadi mereka sebenarnya hidup dalam Firman Tuhan. Apa sahaja yang mereka lakukan adalah berdasarkan kebenaran. Mereka menerima arahan jelas daripada Roh Kudus dan mematuhinya. Selain itu, apabila mereka berdoa supaya sesuatu berlaku, mereka akan bertahan dengan keimanan yang tidak berubah sehinggalah doa menerima dimakbulkan.

Jika kita patuh sepanjang masa seperti ini, Tuhan akan membimbing kita dan memberikan kita kebijaksanaan serta pemahaman. Jika kita menyerahkan segala-galanya kepada Tuhan, Dia akan melindungi kita walaupun jika kita tersilap dan pergi ke jalan yang tidak menurut kehendakNya; walaupun jika ada jurang yang disediakan untuk kita, Dia akan membuatkan kita berpatah balik atau bekerja untuk kebaikan semua.

Keempat, manusia roh dengan cepat menerima apa sahaja yang mereka minta; mereka akan menerima jawapan walaupun hanya menginginkan sesuatu dalam hati mereka. 1 Yohanes 3:21-22 menyatakan, "Saudara-saudaraku yang kekasih, jikalau hati kita tidak menuduh kita, maka kita mempunyai keberanian percaya untuk mendekati Tuhan; dan apa saja yang kita minta, kita memperolehnya dari padaNya, kerana kita menuruti segala perintahNya dan berbuat apa yang berkenan kepadaNya." Rahmat ini akan datang pada mereka.

Walaupun seseorang yang tidak mempunyai kemahiran atau pengetahuan tertentu dapat menerima bukan sahaja rahmat rohani tetapi juga rahmat material dengan banyak jika mereka masuk ke dalam roh, kerana Tuhan akan menyediakan segala-galanya dan membimbing mereka.

Apabila kita menanam dan meminta dengan keimanan, kita akan menerima rahmat yang dipadatkan, digoncangkan dan melimpah (Lukas 6:38), tetapi apabila kita masuk ke dalam roh, kita akan mendapat 30 kali ganda, dan selepas masuk ke dalam roh terasuh, kita akan mendapat 60 atau 100 kali ganda. Manusia roh dan roh terasuh boleh menerima apa sahaja hanya dengan menginginkan dalam hati mereka.

Rahmat yang diberikan kepada manusia roh terasuh tidak dapat digambarkan. Mereka bergembira kerana Tuhan dan Tuhan bergembira kerana mereka, dan seperti yang dinyatakan dalam Mazmur 37:4, "dan bergembiralah karena TUHAN; maka Dia akan memberikan kepadamu apa yang diinginkan hatimu," Tuhan daripada pihakNya akan memberikan mereka apa sahaja yang mereka perlukan, sama ada wang, kemasyhuran, kuasa atau kesihatan.

Manusia begini tidak akan berasa kekurangan secara peribadi, dan mereka tidak mempunyai apa-apa untuk didoakan secara peribadi. Jadi, mereka selalu berdoa untuk kerajaan dan kebenaran Tuhan dan bagi jiwa yang tidak mengenal Tuhan. Doa mereka amat indah dan aroma pekat di hadapan Tuhan untuk doa mereka adalah baik dan bebas daripada kejahatan, dan adalah untuk jiwa. Oleh itu, Tuhan amat gembira untuk mereka.

Apabila orang yang telah masuk ke roh terasuh mengasihi jiwa dan menyatakan doa yang tekun, mereka juga dapat menunjukkan kuasa yang hebat seperti dalam Kisah Para Rasul 1:8, "Tetapi kamu akan menerima kuasa, kalau Roh Kudus turun ke atas kamu, dan kamu akan menjadi saksiKu di Yerusalem dan di seluruh Yudea dan Samaria dan sampai ke hujung bumi." Seperti yang diterangkan, manusia roh dan roh terasuh mengasihi Tuhan sepenuhnya dan menyenangkan hati Tuhan, dan mereka menerima semua rahmat yang dijanjikan dalam Alkitab.

Bab 2
Rancangan Asal Tuhan

Tuhan tidak mahu Adam hidup selama-lamanya tanpa mengetahui tentang kegembiraan, keseronokan, kesyukuran dan kasih sayang sebenar. Untuk sebab ini Dia meletakkan pokok pengetahuan tentang kebaikan dan kejahatan supaya Adam dapat mengalami perkara badaniah.

Mengapa Tuhan Tidak Menciptakan Manusia Sebagai Roh?

Kepentingan Kehendak Bebas dan Sentiasa Beringat

Tujuan Mencipta Manusia

Tuhan Mahu Menerima Keagungan Daripada Anak-Anak Sebenar

Persiapan manusia adalah proses di mana manusia badaniah diubah menjadi manusia roh. Jika kita tidak memahami hal ini dan hanya menghadiri gereja, tiada ada makna bagi hal ini. Ramai orang menghadiri gereja tetapi tidak dilahirkan semula daripada Roh Kudus, dan mereka tidak mempunyai jaminan penyelamatan. Tujuan menjalani kehidupan dalam keimanan Kristian bukanlah hanya untuk menerima penyelamatan, tetapi juga adalah untuk memulihkan semula imej Tuhan dan berkongsi kasih sayang dengan Tuhan, dan memberikan keagungan kepadaNya selama-lamanya sebagai anakNya yang sejati.

Apakah tujuan utama Tuhan menciptakan Adam sebagai roh hidup dan menjalankan persiapan manusia di dunia ini? Kejadian 2:7-8 menyatakan, "Kemudian TUHAN mengambil sedikit tanah, membentuknya menjadi seorang manusia, lalu menghembuskan nafas yang memberi hidup ke dalam lubang hidungnya; maka hiduplah manusia itu . Selanjutnya TUHAN membuat taman di Eden, di sebelah timur; di situlah ditempatkan-Nya manusia yang dibentuk-Nya itu."

Tuhan menciptakan syurga dan dunia kebanyakannya hanya dengan FirmanNya. Tetapi bagi manusia, Tuhan membentuk dengan tanganNya sendiri. Hos syurga dan malaikat di Syurga juga diciptakan sebagai roh. Namun, walaupun manusia ditakdirkan untuk tinggal di Syurga juga akhirnya, ia tidak berlaku. Apa sebabnya Tuhan melakukan proses yang rumit untuk menciptakan manusia dari debu tanah? Mengapakah Dia tidak menciptakan mereka sebagai roh dari awal lagi? Di sinilah terletaknya rancangan Tuhan.

Mengapa Tuhan Tidak Menciptakan Manusia Sebagai Roh?

Jika Tuhan menciptakan manusia bukan daripada debu dari tanah tetapi hanya sebagai roh, manusia tidak akan dapat mengalami apa-apa perkara yang berbentuk fizikal. Jika mereka diciptakan hanya sebagai roh, mereka perlu patuh kepada Firman Tuhan dan tidak akan makan daripada pokok pengetahuan tentang kebaikan dan kejahatan. Sifat tanah boleh berubah bergantung kepada apa yang dimasukkan ke dalam tanah. Adam boleh menjadi korup walaupun dia berada dalam ruang rohani kerana dia diciptakan daripada debu tanah. Tapi ini tidak bermakna dia korup daripada awal lagi.

Taman Syurgawi adalah ruang rohani yang dipenuhi dengan tenaga Tuhan, dan oleh itu mustahil bagi Syaitan untuk menyemai apa-apa sifat badaniah dalam hati Adam. Tetapi kerana Tuhan memberikan Adam kehendak bebas, dia dapat menerima badaniah jika dia mempunyai keinginan dan mahu berbuat demikian. Walaupun dia merupakan roh hidup, badaniah akan datang kepadanya jika dia menerima badaniah dengan rela. Selepas beberapa lama, dia membuka hatinya kepada pujuk rayu Syaitan dan menerima badaniah.

Malah, Tuhan memberikan manusia kehendak bebas adalah disebabkan persiapan manusia. Jika Tuhan tidak memberikan kehendak bebas kepada Adam, dia tidak akan dapat menerima apa-apa yang bersifat badaniah. Ini juga bermakna persiapan manusia tidak akan berlaku. Ini adalah kehendak Tuhan untuk manusia, persiapan manusia perlu berlaku, dan Tuhan yang Maha mengetahui tidak menciptakan Adam sebagai makhluk roh.

Kepentingan Kehendak Bebas dan Sentiasa Beringat

Kejadian 2:17 menyatakan, "...kecuali dari pohon yang memberi pengetahuan tentang yang baik dan yang jahat. Buahnya tidak boleh engkau makan; jika engkau memakannya, engkau pasti akan mati pada hari itu juga." Seperti yang diterangkan, ada kehendak Tuhan dalam menciptakan Adam dari debu tanah dan memberikannya kehendak bebas. Ini adalah untuk persiapan manusia. Manusia boleh maju ke hadapan sebagai anak-anak Tuhan yang sebenar hanya selepas melalui proses persiapan manusia.

Salah satu sebab dosa masuk ke dalam Adam adalah kerana

dia mempunyai kehendak bebas, tetapi satu sebab lain adalah kerana dia tidak mengingati Firman Tuhan dalam mindanya. Mengingati firman Tuhan adalah untuk mengukir Firman Tuhan dalam hati dan mengamalkannya tanpa berubah.

Sesetengah manusia terus-menerus melakukan kesilapan yang sama manakala orang lain tidak melakukan kesilapan yang sama untuk kali kedua. Perbezaannya adalah mengingati sesuatu dalam minda. Dosa masuk ke dalam Adam kerana dia tidak tahu betapa pentingnya mengingati Firman Tuhan dalam mindanya. Sebaliknya, kita dapat memulihkan keadaan roh dengan mengingati Firman Tuhan dalam minda dan mematuhinya. Itu sebabnya penting untuk kita mengingati Firman Tuhan dalam minda.

Bagi manusia yang rohnya telah ati disebabkan dosa asal, jika mereka menerima Yesus Kristus dan menerima Roh Kudus, roh mereka yang mati akan dibangkitkan. Dari saat ini, apabila mereka mengingati Firman Tuhan dalam minda dan mengamalkannya dalam kehidupan, merekaakan melahirkan roh melalui Roh. Mereka akan mampu mencapai perkembangan rohani dengan pantas. Oleh itu, mengingati Firman Tuhan dan mengamalkannya dengan tidak berubah memainkan peranan yang penting dalam memulihkan roh.

Tujuan Mencipta Manusia

Ada banyak makhluk rohani di Syurga, contohnya malaikat yang mematuhi Tuhan sepanjang masa. Tetapi selain beberapa kes khas, mereka tidak mempunyai kemanusiaan. Mereka tidak mempunyai kehendak bebas yang mana mereka boleh memilih untuk berkongsi kasih sayang. Itu sebabnya Tuhan menciptakan manusia pertama, Adam, sebagai makhluk yang mana Dia boleh berkongsi kasih sayangNya yang sejati.

Buat seketika, bayangkan Tuhan dalam keadaan gembira semasa menciptakan manusia pertama, Adam. Membentukkan bibir Adam, Tuhan mahukan dia supaya memujiNya; menciptakan telinganya, Tuhan mahukan dia mendengar suara Tuhan dan patuh; menciptakan matanya, Tuhan mahukan dia melihat dan merasai keindahan semua benda yang Dia ciptakan dan untuk memberi keagungan kepada Tuhan.

Tujuan Tuhan menciptakan manusia adalah untuk menerima puji-pujian dan keagungan melalui mereka dan untuk berkongsi kasih sayang dengan mereka. Dia mahukan anak-anak yang mana Dia dapat berkongsi keindahan semua benda di dunia dan di Syurga. Dia mahu menikmati kegembiraan dengan mereka selama-lamanya.

Dalam buku Wahyu, kita lihat anak-anak Tuhan yang diselamatkan memuji dan berdoa di hadapan arasy Tuhan buat selama-lamanya. Apabila mereka masuk ke Syurga, ia amat indah dan menggembirakan dan mereka akan memberikan Tuhan puji-pujian dan memujaNya dari lubuk hati mereka kerana kehendak Tuhan amat dalam dan misteri.

Manusia telah diciptakan sebagai roh hidup tetapi menjadi

manusia jasad. Tetapi, jika mereka menjadi manusia roh sekali lagi selepas mengalami semua jenis kegembiraan, kemarahan, kasih sayang dan kesedihan, mereka boleh menjadi anak-anak Tuhan yang sebenar yang memberikan kasih sayang, kesyukuran dan keagungan kepada Tuhan dari lubuk hati mereka.

Semasa Adam hidup dalam Taman Syurgawi, dia tidak boleh dianggap anak Tuhan yang sejati. Tuhan mengajarkannya hanya kebaikan dan kebenaran, jadi dia tidak mengerti makna dosa dan kejahatan. Dia tidak tahu apakah itu kesedihan dan kesakitan. Taman Syurgawi adalah tempat rohani, dan tiada kemusnahan dan kematian di situ.

Atas sebab ini Adam tidak mengetahui makna kematian. Walaupun dia hidup dalam kemakmuran dan kemewahan, dia tidak dapat rasakan kegembiraan, keseronokan atau kesyukuran sebenar. Disebabkan dia tidak pernah mengalami kesedihan atau berduka, dia tidak dapat membandingkannya dengan kegembiraan atau keseronokan sebenar. Dia tidak tahu apakah itu kebencian, dan tidak memahami makna kasih sayang sejati. Tuhan tidak mahu Adam hidup selama-lamanya tanpa mengetahui tentang kegembiraan, keseronokan, kesyukuran dan kasih sayang sebenar. Untuk sebab ini Dia meletakkan pokok pengetahuan tentang kebaikan dan kejahatan dalam Taman Syurgawi supaya Adam dapat mengalami perkara badaniah.

Apabila manusia yang telah mengalami dunia badaniah menjadi anak Tuhan semula, mereka pasti akan faham betapa bagusnya roh dan betapa berharganya kebenaran. Mereka kini dapat mengucapkan kesyukuran kepada Tuhan kerana memberikan mereka hadiah kehidupan abadi. Apabila kita memahami hati Tuhan ini, kita tidak akan mempersoalkan tujuan Tuhan menciptakan pokok pengetahuan tentang kebaikan dan kejahatan dan menyebabkan manusia merana kerananya. Sebaliknya, kita akan menyatakan kesyukuran dan keagungan kepada Tuhan kerana mengorbankan satu-satunya anakNya Yesus untuk menyelamatkan manusia.

Tuhan Mahu Menerima Keagungan Daripada Anak-Anak Sebenar

Tuhan mempersiapkan manusia bukan hanya untuk mendapatkan anak-anak sejati tetapi juga menerima keagungan melalui mereka. Yesaya 43:7 menyatakan, "Semua orang yang disebutkan dengan namaKu yang Kuciptakan untuk kemuliaanKu, yang Kubentuk dan yang juga Kujadikan." 1 Korintus10:31 juga menyatakan, "Jika engkau makan atau jika engkau minum, atau jika engkau melakukan sesuatu yang lain, lakukanlah semuanya itu untuk kemuliaan Tuhan."

Tuhan ialah Tuhan kasih sayang dan keadilan. Dia bukan hanya menyediakan Syurga dan kehidupan abadi untuk kita tetapi mengorbankan satu-satuNya anakNya untuk menyelamatkan kita. Atas sebab ini sahaja pun, Tuhan layak untuk menerima kemuliaan. Tetapi apa yang Tuhan benar-benar mahukan bukanlah hanya menerima kemuliaan. Sebab utama Tuhan mahu menerima kemuliaan adalah untuk mengembalikan kemuliaan kepada orang yang memuliakan Tuhan. Yohanes

13:32 menyatakan, "...Jikalau Tuhan dipermuliakan di dalam Dia, Tuhan akan mempermuliakan Dia juga di dalam diriNya, dan akan mempermuliakan Dia dengan segera."

Apabila Tuhan menerima kemuliaan melalui kita, Dia memberikan kita rahmat yang melimpah-ruah di dunia, dan Dia akan memberikan kita kemuliaan abadi dalam kerajaan syurga juga. 1 Korintus 15:41 berfirman, "Keindahan matahari lain daripada keindahan bulan. Bintang-bintang pun mempunyai keindahannya sendiri. Malah bintang-bintang itu masing-masing berlainan pula keindahannya."

Ia memberitahu kita tentang tempat tinggal yang berbeza dan kemuliaan yang setiap seorang daripada kita yang diselamatkan akan nikmati di kerajaan syurga. Tempat tinggal di syurga dan kemuliaan yang diberikan akan ditentukan berdasarkan betapa banyak kita menyingkirkan dosa untuk mendapatkan hati bersih dan suci dan betapa setianya kita berkhidmat untuk kerajaan Tuhan. Apabila telah diberikan, ia tidak akan berubah.

Tuhan menciptakan manusia untuk mendapatkan anak-anak sejati yang masuk ke dalam roh. Rancangan asal Tuhan adalah untuk manusia dengan kehendak bebas sendiri memilih menyingkirkan badaniah dan jiwa yang dimiliki dusta dan berubah menjadi manusia roh dan roh terasuh. Rancangan asal Tuhan dalam menciptakan dan mempersiapkan manusia akan dipenuhi melalui manusia yang menjadi manusia roh dan roh terasuh.

Berapa ramai orang anda fikir hari ini hidupnya sewajar dengan kehendak Tuhan menciptakan manusia? Jika kita benar-benar faham tujuan Tuhan mencipta manusia, kita akan mengembalikan imej Tuhan yang hilang disebabkan dosa Adam. Kita akan melihat, mendengar, dan bercakap hanya dalam lingkungan kebenaran, dan semua fikiran dan tindakan kita akan suci dan sempurna. Inilah cara untuk menjadi anak Tuhan yang sejati yang memberikan kegembiraan yang lebih daripada kegembiraan Tuhan semasa mencipta manusia pertama, Adam. Anak-anak Tuhan yang benar ini akan menikmati keagungan di Syurga yang tidak dapat dibandingkan dengan keagungan yang roh hidup, iaitu Adam, nikmati semasa dalam Taman Syurgawi.

Bab 3
Manusia Sebenar

Tuhan menciptakan manusia sebagai bayangan imejNya sendiri. Kehendak Tuhan yang sesungguhnya adalah supaya kita memulihkan imej Tuhan yang hilang dan melibatkan diri dalam sifat rohani Tuhan.

Tugas Penuh Manusia

Tuhan Berjalan Dengan Henokh

Kawan Tuhan, Ibrahim

Musa Mengasihi Kaumnya Lebih Daripada Nyawanya Sendiri

Hawari Paulus Muncul Seperti Tuhan

Dia Memanggil Mereka Tuhan-Tuhan

Jika kita mengamalkan Firman Tuhan, kita akan dapat memulihkan hati roh yang dipenuhi dengan pengetahuan tentang kebenaran, seperti yang dimiliki Adam, yang merupakan roh hidup sebelum dia berdosa. Tugas manusia yang sebenar adalah untuk memulihkan imej Tuhan yang hilang disebabkan dosa Adam dan untuk mengambil bahagian dalam sifat rohani Tuhan. Dalam Alkitab, kita dapat lihat orang yang menerima Firman Tuhan dan menyebarkannya, yang menyatakan perkara rahsia Tuhan, dan yang menunjukkan kuasa Tuhan demi membuktikan Tuhan yang hidup, dianggap mulia sehinggakan raja-raja pun tunduk di hadapan mereka. Ini kerana mereka adalah anak-anak Tuhan yang sejati, Tuhan yang Maha Tinggi (Mazmur 82:6).

Raja Nebuchadnezzar dari Babel, suatu hari mendapat mimpi dan menjadi resah. Dia memanggil ahli sihir dan orang Kasdim untuk memberitahunya berkenaan mimpi dan tafsirannya tanpa memberitahu mereka apakah mimpi tersebut. Mustahil bagi kuasa manusia tetapi hanya dapat dilakukan oleh Tuhan yang tidak hidup dalam tubuh manusia.

Daniel, yang merupakan penganut Tuhan yang beriman,

meminta raja untuk memberikannya masa untuk menunjukkan tafsiran mimpi ini. Tuhan menunjukkan Daniel perkara rahsia pada waktu malam dalam bentuk satu visi. Daniel menghadap raja dan memberitahunya tentang mimpi dan memberikan tafsirannya. Raja Nebuchadnezzar berlutut dan memberi penghormatan kepada Daniel, dan memberikan arahan untuk menghadiahkannya barangan dan dupa wangi, dan memberikan kemuliaan kepada Tuhan.

Tugas Penuh Manusia

Raja Sulaiman dirahmati kemewahan dan kekuasaan yang lebih daripada orang lain. Berdasarkan kerajaan bersatu yang dibina oleh bapanya, Daud, kuasa negaranya bertambah kuat dan banyak negara jiran membayar ufti kepadanya. Kerajaan ini berada di kemuncak keagungannya semasa pemerintahan Sulaiman (1 Raja-raja 10).

Dengan berlalunya masa, dia melupakan kasih kurnia Tuhan. Dia fikir segala-galanya berlaku atas kuasanya semata-mata. Dia mengabaikan Firman Tuhan dan melanggar perintah Tuhan yang melarang perkahwinan dengan wanita bukan Yahudi. Dia mengambil ramai wanita bukan Yahudi sebagai perempuan simpanan semasa umurnya semakin tua. Dia juga membina tempat besar seperti yang diminta oleh perempuan simpanannya, dan juga turut memuja patung.

Tuhan memberikannya amaran sebanyak dua kali tentang pemujaan patung tetapi Sulaiman tidak mengendahkan amaran Tuhan. Akhirnya, kemarahan Tuhan melanda mereka dalam generasi seterusnya dan Israel dibahagikan kepada dua kerajaan. Dia boleh mengambil apa sahaja yang dimahukannya, tetapi semasa penghujung hayatnya dia mengakui, "Kesia-siaan belaka, kata Pengkhotbah, kesia-siaan belaka! Segala sesuatu adalah sia-sia" (Pengkhutbah 1:2).

Dia menyedari bahawa semua perkara dalam dunia tidak bermakna, dan merumuskan, "Akhir kata dari segala yang didengar ialah: Takutlah akan Tuhan dan berpeganglah pada perintah-perintahNya, kerana ini adalah kewajipan setiap orang" (Pengkhutbah 12:13, KJV). Dia menyatakan yang tugas manusia, iaitu untuk takut kepada Tuhan dan menurut perintahNya.

Apa maksudnya? Takut kepada Tuhan bermakna membenci kejahatan (Amsal 8:13). Manusia yang takut kepada Tuhan akan menyingkirkan kejahatan dan melaksanakan perintah Tuhan, dan dengan cara ini mereka menjalankan tugas sempurna manusia. Kita dikatakan manusia yang sempurna apabila kita menyemai hati Tuhan dengan sepenuhnya untuk memulihkan imej Tuhan. Mari kita lihat beberapa contoh bapa keimanan yang menyenangkan hati Tuhan.

Tuhan Berjalan Dengan Henokh

Tuhan berjalan dengan Henokh selama 300 tahun dan mengangkatnya hidup-hidup. Bayaran bagi dosa adalah kematian, dan Henokh diangkat ke syurga tanpa berdepan kematian adalah bukti bahawa Tuhan menganggap dia tidak berdosa. Dia menyemai hati yang suci dan tidak bersalah yang menyerupai hati Tuhan. Itu sebabnya Syaitan tidak dapat menuduhnya bersalah dari segi apa pun semasa dia diangkat hidup-hidup.

Kejadian 5:21-24 menyatakan hal berikut: Setelah Henokh hidup enam puluh lima tahun, ia memperanakkan Metusalah. Dan Henokh hidup bergaul dengan Tuhan selama tiga ratus tahun lagi, setelah ia memperanakkan Metusalah, dan ia memperanakkan anak-anak lelaki dan perempuan. Jadi Henokh mencapai umur tiga ratus enam puluh lima tahun Dan Henokh hidup bergaul dengan Tuhan, lalu ia tidak ada lagi, sebab ia telah diangkat oleh Tuhan."

'Berjalan dengan Tuhan' bermakna Tuhan bersama dengan seseorang setiap masa. Henokh hidup berpandukan kehendak Tuhan selama 300 tahun. Tuhan bersamanya ke mana sahaja dia pergi.

Tuhan adalah Cahaya, kebaikan dan kasih sayang itu sendiri. Untuk berjalan dengan Tuhan yang sebegini, kita tidak boleh mempunyai sebarang kegelapan dalam hati, dan kita mesti dipenuhi kebaikan dan kasih sayang. Henokh hidup dalam dunia yang penuh dosa, tetapi dia memastikan dirinya sentiasa suci. Dia juga menyampaikan mesej Tuhan kepada dunia. Yudas 1:14 menyatakan, "Juga tentang mereka Henokh, keturunan ketujuh dari Adam, telah bernubuat, katanya: „Sesungguhnya Tuhan datang dengan beribu-ribu orang kudusNya.'" Seperti yang tertulis, dia memberitahu orang ramai tentang Kedatangan Kedua Yesus dan Penghakiman.

Alkitab tidak menceritakan kisah pencapaian hebat Henokh atau perkara hebat yang dilakukannya untuk Tuhan. Tetapi

Tuhan amat mengasihinya kerana Dia amat mengagungkan Tuhan dan menjalani hidup suci serta menjauhkan diri dari semua jenis kejahatan. Itu sebabnya Tuhan mengambilnya pada 'usia yang muda'. Manusia pada waktu itu hidup melebihi 900 tahun dan dia berumur 365 tahun semasa diangkat. Dia masih muda dan bertenaga.

Ibrani 11:5 menyatakan, "Kerana iman Henokh terangkat, supaya ia tidak mengalami kematian, dan ia tidak ditemukan, kerana Tuhan telah mengangkatnya. Sebab sebelum ia terangkat, ia memperoleh kesaksian, bahawa ia berkenan kepada Tuhan."

Hari ini pun, Tuhan mahu kita menjalani kehidupan yang suci dan beriman, dengan mempunyai hati yang bersih dan indah tanpa dicela kekotoran dunia, supaya Dia dapat berjalan dengan kita sepanjang masa.

Kawan Tuhan, Ibrahim

Tuhan mahu manusia melihat contoh anak Tuhan sejati melalui Ibrahim, 'bapa keimanan'. Ibrahim digelar 'sumber rahmat' dan 'kawan Tuhan'. Kawan ialah seseorang yang anda boleh percayai dan berkongsi rahsia. Ibrahim juga telah menjalani tempoh memperhalusi sehinggalah dia percaya sepenuhnya kepada Tuhan. Mengapakah Ibrahim diakui sebagai kawan Tuhan?

Ibrahim patuh hanya dengan menyatakan 'Ya' dan 'Amin'. Apabila dia menerima panggilan Tuhan untuk meninggalkan kampung halamannya, dia hanya patuh tanpa mengetahui ke mana dia akan pergi. Ibrahim juga suka menjaga kepentingan orang lain dan suka berdamai. Dia tinggal dengan anak saudaranya Lut apabila mereka terpaksa berpisah, dan dia memberikan anak saudaranya hak untuk memilih tanah terlebih dahulu. Dia mempunyai hak untuk memilih terlebih dahulu sebagai seorang pak cik, tetapi dia mengalah.

Ibrahim berkata dalam Kejadian 13:9, "Bukankah seluruh negeri ini terbuka untuk engkau? Baiklah pisahkan dirimu dari padaku; jika engkau ke kiri, maka aku ke kanan, jika engkau ke kanan, maka aku ke kiri."

Tuhan memberikannya janji rahmat sekali lagi kerana dia mempunyai hati yang sangat baik. Dalam kejadian 13:15-16, Tuhan berjanji, "...sebab seluruh negeri yang kau lihat itu akan Kuberikan kepadamu dan kepada keturunanmu untuk selama-lamanya. Dan Aku akan menjadikan keturunanmu seperti debu tanah banyaknya, sehingga, jika seandainya ada yang dapat menghitung debu tanah, keturunanmu pun akan dapat dihitung juga."

Suatu hari, beberapa orang raja yang bersatu menyerang Sodom dan Gomorrah, di mana anak saudara Ibrahim, Lut, tinggal dan menawan penduduk serta merampas harta perang. Ibrahim memimpin pasukannya yang terlatih, 318 orang yang dilahirkan di rumahnya, dan pergi menyerang sehingga ke tanah Dan. Dia membawa balik semua barang rampasan, dan anak saudaranya Lut serta harta-bendanya, para wanita dan penduduk lain.

Di sini, raja Sodom mahu memberikan barang rampasan

perang kepada Ibrahim sebagai tanda terima kasih, tetapi Ibrahim berkata, "Aku tidak akan mengambil apa-apa dari kepunyaanmu itu, sepotong benang atau tali kasutpun tidak, supaya engkau jangan dapat berkata: Aku telah membuat Abram menjadi kaya'" (Kejadian 14:23). Bukanlah tidak boleh untuk menerima sesuatu daripada raja, tetapi dia menolak tawaran raja untuk membuktikan bahawa semua rahmat harta yang diperolehnya hanya datang dari Tuhan. Dia hanya inginkan kemuliaan Tuhan dengan hati yang suci dan bebas daripada keinginan yang mementingkan diri, dan Tuhan merahmatinya dengan melimpah-ruah.

Apabila Tuhan memerintahkan Ibrahim untuk mengorbankan anak lelakinya Ishak sebagai korban bakar, dia patuh dengan serta-merta, kerana dia percaya bahawa Tuhan mampu menghidupkan semula orang yang mati. Akhirnya, Tuhan mengakui bahwa dia adalah bapa keimanan dengan berkata, "Aku akan memberkati engkau dengan berlimpah-limpah dan membuat keturunanmu sebanyak bintang di langit dan sebanyak pasir di tepi laut. Anak cucumu akan mengalahkan musuh-musuh mereka. Oleh keturunanmu lah semua bangsa di bumi akan mendapat berkat, karena engkau mendengarkan firmanKu" (Kejadian 22:17-18). Tuhan juga menjanjikan bahawa Anak Tuhan, Yesus, yang akan menyelamatkan manusia, akan dilahirkan daripada keturunannya.

Yohanes 15:13 menyatakan, "Tidak ada kasih yang lebih besar dari pada kasih seorang yang memberikan nyawanya untuk sahabat-sahabatnya." Ibrahim sanggup menawarkan satu-satunya anak lelakinya Ishak, yang lebih berharga daripada nyawanya sendiri, oleh itu menyatakan kasih sayangnya kepada Tuhan. Tuhan menjadikan kisah Ibrahim sebagai contoh teladan persiapan manusia dengan menamakannya kawan Tuhan atas keimanan yang teguh dan kasih sayang terhadap Tuhan.

Tuhan Maha Berkuasa, dan Dia mampu melakukan apa sahaja dan memberikan kita segala-galanya. Tetapi Dia memberikan anak-anakNya rahmat dan jawapan kepada doa mereka setakat mana mereka berubah dengan kebenaran dalam persiapan manusia, supaya mereka dapat merasakan kasih sayang Tuhan dengan kesyukuran terhadap rahmatNya.

Musa Mengasihi Kaumnya Lebih Daripada Nyawanya Sendiri

Semasa Musa menjadi putera Mesir, dia membunuh seorang penduduk Mesir untuk membantu kaumnya sendiri, dan dia melarikan diri daripada istana Firaun. Sejak itu dia tinggal di padang pasir sebagai penggembala lembu selama 40 tahun.

Musa berada pada status sosial yang rendah semasa menjadi penggembala untuk Midian, dan terpaksa melupakan perasaan bangga dan perasaan diri sentiasa betul yang dahulu dimilikinya sebagai putera Mesir. Tuhan muncul di hadapan Musa yang merendah diri dan memberikannya tugas untuk membawa kaum Israel keluar dari Mesir. Musa terpaksa mempertaruhkan nyawanya untuk menjalankan tanggungjawab ini, tetapi dia patuh dan pergi mengadap Firaun.

Jika kita mempertimbangkan kelakuan kaum Israel, kita dapat lihat betapa betapa besarnya hati Musa apabila dia menerima mereka semua. Apabila mereka menghadapi masalah, mereka merungut kepada Musa dan malah cuba merejamnya.

Apabila mereka kehabisan air, mereka merungut bahawa mereka haus. Apabila mereka mempunyai air, mereka merungut bahawa mereka tidak mempunyai makanan. Apabila Tuhan memberikan mereka manna dari syurga, mereka merungut bahawa mereka tidak mempunyai daging. Mereka berkata bahawa mereka makan makanan yang sedap di Mesir, dan merendahkan manna dengan mengatakan yang ia tidak sedap.

Apabila Tuhan berpaling daripada mereka, ular padang pasir telah keluar dan menggigit mereka. Tetapi mereka masih dapat diselamatkan kerana Tuhan mendengar doa yang bersungguh-sungguh dari Musa. Kaum ini telah menyaksikan bahawa Tuhan telah bersama-sama Musa untuk jangka masa yang lama, tetapi mereka membuat satu patung anak lembu daripada emas dan memujanya sebaik sahaja Musa tiada bersama mereka. Mereka juga diperdayakan oleh wanita bukan Yahudi untuk melakukan zina, yang juga merupakan zina rohani. Musa berdoa kepada Tuhan dengan tangisan bagi pihak kaumnya. Dia menggadaikan nyawanya supaya Tuhan mengampunkan mereka, walaupun mereka tidak ingat akan kasih kurnia yang mereka terima.

Keluaran 32:31-32 menyatakan:

Lalu kembalilah Musa menghadap TUHAN dan berkata: „Ah, bangsa ini telah berbuat dosa besar, sebab mereka telah membuat tuhan emas bagi mereka. Tetapi sekarang, kiranya

Engkau mengampuni dosa mereka itu - dan jika tidak, hapuskanlah kiranya namaku dari dalam kitab yang telah Kau tulis!"

Menghapuskan namanya daripada buku bermakna dia tidak akan diselamatkan dan akan menderita dalam api Neraka yang abadi, iaitu kematian abadi. Musa mengetahui hal ini, tetapi dia mahukan semua orang diampunkan walaupun dia terpaksa mengorbankan dirinya sendiri.

Pada pendapat anda, apakah perasaan Tuhan melihat Musa begini? Musa memahami hati Tuhan yang membenci dosa tetapi mahu menyelamatkan orang yang berdosa, dan Tuhan amat senang dengannya dan begitu mengasihinya. Tuhan mendengar doa Musa supaya kaum Israel dapat diselamatkan daripada binasa.

Bayangkan ada sebiji berlian. Ia sempurna dan kira-kira sebesar penumbuk. Dan ada juga kira-kira 1000 biji batu bersaiz yang sama. Yang mana satukah lebih berharga? Tidak kira berapa banyak batu yang ada, tiada sesiapa akan menukarkannya dengan berlian. Sama juga, nilai Musa, seorang manusia yang memenuhi tujuan persiapan manusia, lebih berharga daripada berjuta-juta orang yang tidak (Keluaran 32:10).

Bilangan 12:3 bercakap tentang Musa "Adapun Musa ialah seorang yang sangat lembut hatinya, lebih dari setiap manusia yang di atas muka bumi" dan dalam Bilangan 12:7 Tuhan memberi jaminan dengan berkata, "Bukan demikian hambaKu Musa, seorang yang setia dalam segenap rumahKu."

Ada banyak ayat dalam Alkitab yang menunjukkan betapa Tuhan mengasihi Musa. Keluaran 33:11 menyatakan, "Dan TUHAN berbicara kepada Musa dengan berhadapan muka seperti seorang berbicara kepada temannya." Juga dalam Keluaran 33, kita dapati Musa meminta Tuhan menunjukkan diriNya dan Tuhan mengabulkan permintaannya.

Hawari Paulus Muncul Seperti Tuhan

Hawari Paulus bekerja untuk Yesus dengan sepenuh hidup, namun dia masih patah hati tentang kehidupan silamnya, kerana dia telah menghukum Yesus. Jadi dia dengan rela dan bersyukur menerima semua ujian berat dan berkata, "Kerana aku adalah yang paling hina dari semua rasul, sebab aku telah menganiaya Jemaat Tuhan" (1 Korintus 15:9).

Dia dipenjarakan, dipukul dan sering kali hampir maut. Lima kali dia menerima 39 sebatan daripada orang Yahudi. Dia disebat dengan besi sebanyak tiga kali, direjam sekali, dihumban daripada kapal sebanyak tiga kali, dan sehari semalam pernah berada dalam penjara. Dia sering merantau, berhadapan bahaya dari sungai, perompak, kaumnya sendiri, orang bukan Yahudi, di bandar, di padang pasir, di laut, musuh dalam selimut; dia pernah mengalami kesukaran dan penderitaan, tidak tidur malam, lapar dan dahaga, sering tiada makanan, kesejukan dan kepanasan.

Paulus menderita teruk dan mengakui dalam 1 Korintus 4:9, "Sebab, menurut pendapatku, Tuhan memberikan kepada kami, para rasul, tempat yang paling rendah, sama seperti orang-orang yang telah dijatuhi hukuman mati, sebab kami telah menjadi tontonan bagi dunia, bagi malaikat-malaikat dan bagi manusia."

Mengapakah Tuhan memberikan penghukuman dan kesusahan untuk hawari Paulus yang amat beriman? Tuhan mahukan Paulus untuk tampil sebagai manusia dengan hati yang indah dan jernih seperti kristal. Paulus tidak dapat bergantung kepada sesiapa kecuali Tuhan dalam situasi yang getir, di mana dia boleh ditangkap atau dibunuh pada bila-bila masa. Dia mendapat kegembiraan dan keselesaan dalam Tuhan. Dia menidakkan dirinya dengan sepenuhnya dan menyemai hati Yesus.

Pengakuan Paulus ini amat menyentuh hati kerana dia telah tampil sebagai manusia yang cantik melalui semua ujian. Dia tidak mahu mengelak daripada apa-apa kesusahan, walaupun sukar untuk dihadapi manusia. Dia mengakui kasih sayangnya untuk jemaah dalam 2 Korintus 11:28, "dan, dengan tidak menyebut banyak hal lain lagi, urusanku sehari-hari, iaitu untuk memelihara semua jemaat-jemaat."

Dalam Roma 9:3, berkenaan kaumnya yang mahu membunuhnya, dia berkata, "Bahkan, aku mahu terkutuk dan terpisah dari Kristus demi saudara-saudaraku, kaum sebangsaku secara jasmani." Di sini, 'saudara-saudaraku, kaum sebangsaku' merujuk kepada orang Yahudi dan Farisi yang menghukum dan mengganggu Paulus dengan teruk.

Kisah Para Rasul 23:12-13 menyatakan, "Dan setelah hari siang orang-orang Yahudi mengadakan komplotan dan bersumpah dengan mengutuk diri, bahawa mereka tidak akan makan atau minum, sebelum mereka membunuh Paulus. Jumlah mereka yang mengadakan komplotan itu lebih dari pada empat puluh orang."

Paulus tidak pernah menyebabkan mereka berasa marah dengannya. Paulus tidak pernah menipu atau mengapa-apakan mereka. Tetapi hanya kerana dia menyebarkan ajaran Alkitab dan menunjukkan kuasa Tuhan, mereka bergabung dan bersumpah untuk membunuhnya.

Namun, dia berdoa supaya mereka dapat diselamatkan, walaupun ini bermakna dia mungkin akan kehilangan penyelamatannya sendiri. Itu sebabnya Tuhan memberikannya kuasa yang hebat: dia menyemai kebaikan yang mana dia dapat mengorbankan nyawanya sendiri untuk orang yang cuba mengapa-apakannya. Tuhan membenarkan Paulus melakukan kerja berkuasa seperti menghalau roh jahat dan penyakit hanya dengan memegang sapu tangan atau apron yang telah disentuhnya, kepada orang yang sakit.

Dia Memanggil Mereka Tuhan-Tuhan

Yohanes 10:35 menyatakan, "Jikalau mereka, kepada siapa firman itu disampaikan, disebut tuhan-sedang Kitab Suci tidak dapat dibatalkan." Apabila kita menerima Firman Tuhan dan mengamalkannya, kita menjadi manusia kebenaran, iaitu manusia roh. Inilah caranya untuk menyerupai Tuhan yang merupakan roh: menjadi manusia roh dan seterusnya manusia roh terasuh. Dan akhirnya, kita akan menjadi makhluk yang serupa dengan Tuhan.

Keluaran 7:1 menyatakan, "Lalu berfirmanlah TUHAN kepada Nuh: „Masuklah ke dalam bahtera itu, engkau dan seisi rumahmu, sebab engkaulah yang Kulihat benar di hadapan-Ku di antara orang zaman ini.'" Keluaran 4:16 menyatakan, "Ia harus berbicara bagimu kepada bangsa itu, dengan demikian ia akan menjadi penyambung lidahmu dan engkau akan menjadi seperti Allah baginya." Seperti yang tertulis, Tuhan mengurniakan Musa kuasa yang hebat dan Musa muncul di hadapan manusia sebagai Tuhan.

Dalam Kisah Para Rasul 14, atas nama Yesus Kristus, hawari Paulus membolehkan seorang lelaki yang lumpuh sejak lahir untuk berdiri dna berjalan. Apabila dia berdiri dan melompat, orang ramai amat kagum dan mereka berkata, "Dewa-dewa telah turun ke tengah-tengah kita dalam rupa manusia" (Kisah Para Rasul 14:11). Dalam contoh ini, orang yang berjalan dengan Tuhan akan kelihatan seperti Tuhan kerana mereka adalah manusia roh, walaupun mereka mempunyai tubuh fizikal.

Itu sebabnya telah diterangkan dalam 2 Petrus 1:4: "Dengan jalan itu Ia telah menganugerahkan kepada kita janji-janji yang berharga dan yang sangat besar, supaya olehnya kamu boleh mengambil bagian dalam kudrat ilahi, dan luput dari hawa nafsu duniawi yang membinasakan dunia."

Marilah kita sedari bahawa keinginan utama Tuhan adalah supaya manusia mengambil bahagian dalam sifat rohani Tuhan, supaya kita menyingkirkan tubuh yang akan hancur yang mana hanya menggembirakan kuasa kegelapan, melahirkan roh melalui Roh, dan terlibat dalam sifat rohani Tuhan.

Jika kita mencapai tahap roh terasuh, ini bermakna kita telah memulihkan roh dengan sepenuhnya. Memulihkan roh dengan sepenuhnya bermakna memulihkan imej Tuhan yang hilang disebabkan dosa Adam dan untuk mengambil bahagian dalam sifat rohani Tuhan.

Apabila kita mencapai tahap ini, kita akan menerima kuasa yang dimiliki Tuhan. Kuasa Tuhan adalah hadiah yang diberikan kepada anak-anak yang menyerupai Tuhan (Mazmur 62:11). Bukti penerimaan kuasa Tuhan adalah tanda-tanda dan mukjizat, keajaiban luar biasa, dan perkara menakjubkan, yang dipamerkan oleh kerja Roh Kudus.

Jika kita menerima kuasa begini, kita dapat memimpin banyak jiwa ke jalan kehidupan dan penyelamatan. Petrus melakukan banyak kerja berkuasa melalui kuasa Roh Kudus.

Hanya dengan berdakwah sekali, lebih daripada 5,000 manusia telah dapat diselamatkan. Kuasa Tuhan adalah bukti bahawa Tuhan yang hidup bersama seseorang. Ini juga cara yang berkesan untuk menanamkan keimanan dalam hati manusia.

Manusia tidak akan percaya langsung melainkan mereka melihat tanda-tanda dan keajaiban (Yohanes 4:48). Oleh itu, Tuhan menunjukkan kuasaNya melalui manusia roh terasuh yang telah memulihkan roh sepenuhnya supaya orang ramai akan percaya dengan Tuhan yang hidup, Penyelamat Yesus Kristus, kewujudan Syurga dan Neraka, dan kebenaran Alkitab.

Bab 4
Alam Roh

Alkitab sering memberitahu kita tentang dunia rohani dan manusia yang mengalaminya. Kita juga akan pergi ke alam roh selepas hidup di dunia ini.

Hawari Paulus Mengetahui Rahsia Dunia Roh

Dunia Roh Yang Tiada Sempadan Seperti Yang Diceritakan Dalam Alkitab

Syurga Dan Neraka Pasti Wujud

Kehidupan Selepas Mati Bagi Jiwa Yang Tidak Diselamatkan

Seperti Kemuliaan Matahari Dan Bulan Yang Berbeza

Syurga Tidak Dapat Dibandingkan Dengan Taman Syurgawi

Baitulmuqaddis Baru, Hadiah Terbaik yang Diberikan Kepada Anak-Anak Sejati

Apabila manusia yang telah memulihkan imej Tuhan yang hilang menamatkan kehidupan mereka di dunia, mereka kembali ke alam roh. Tidak seperti dunia fizikal, dunia roh adalah tempat yang tiada batasan. Kita tidak dapat mengukur ketinggian, kedalaman atau kepanjangannya.

Dunia roh yang luas ini dapat dibahagikan kepada ruang cahaya milik Tuhan dan ruang kegelapan milik roh jahat. Dalam ruang cahaya terletak Kerajaan Syurga yang disediakan untuk anak-anak Tuhan yang diselamatkan oleh keimanan. Ibrani 11:1 menyatakan, "Iman adalah keyakinan bersungguh-sungguh terhadap apa yang diharapkan, kepastian perkara-perkara yang tidak dapat dilihat." Seperti yang dinyatakan, dunia roh adalah dunia yang tidak dapat dilihat dengan mata kasar. Namun, seperti realiti contohnya angin dalam dunia fizikal yang tidak dapat dibuktikan tetapi wujud, dengan berharap dalam keimanan untuk sesuatu yang kita tidak dapat harapkan di dunia fizikal, bukti yang menunjukkan adanya ia membuktikan kewujudannya.

Iman adalah pintu masuk yang menghubungkan kita dengan dunia roh. Ia adalah jalan bagi kita yang hidup dalam dunia fizikal untuk bertemu Tuhan yang berada dalam dunia roh. Dengan keimanan, kita dapat berkomunikasi dengan Tuhan yang merupakan roh. Kita dapat mendengar dan memahami Firman Tuhan dengan telinga roh yang terbuka, dan dengan mata roh yang terbuka, dan kita dapat melihat dunia roh yang tidak dapat dilihat dengan mata kasar.

Apabila keimanan kita bertambah, kita akan mempunyai harapan yang lebih besar untuk kerajaan syurga dan memahami hati Tuhan dengan lebih mendalam. Apabila kita menyedari dan merasai kasih sayangNya, kita akan mengasihiNya. Selain itu, apabila kita memiliki keimanan sempurna, perkara dunia roh akan berlaku, yang mustahil berlaku dalam dunia fizikal, kerana Tuhan akan bersama kita.

Hawari Paulus Mengetahui Rahsia Dunia Roh

Dalam 2 Korintus 12:1 dan seterusnya, Paulus menerangkan tentang pengalamannya dalam dunia roh dan berkata, "Aku harus bermegah, sekalipun memang hal itu tidak ada faedahnya, namun demikian aku hendak memberitakan penglihatan-penglihatan dan penyataan-penyataan yang kuterima dari Tuhan." Ia berkenaan pengalamannya yang pernah ke Firdaus, iaitu kerajaan syurga di Syurga Ketiga.

Dalam 2 Korintus 12:6 dia menyatakan, "Sebab sekiranya aku hendak bermegah juga, aku bukan orang bodoh lagi, kerana aku mengatakan kebenaran. Tetapi aku menahan diriku, supaya jangan ada orang yang menghitungkan kepadaku lebih dari pada yang mereka lihat padaku atau yang mereka dengar dari padaku."

Hawari Paulus mempunyai banyak pengalaman rohani dan menerima wahyu dari Tuhan, tetapi dia tidak boleh bercerita tentang semua yang diketahuinya tentang dunia roh.

Dalam Yohanes 3:12, Yesus berkata, "Kamu tidak percaya, waktu Aku berkata-kata dengan kamu tentang hal-hal duniawi, bagaimana kamu akan percaya, kalau Aku berkata-kata dengan kamu tentang hal-hal syurgawi?" Walaupun selepas melihat banyak kerja berkuasa dengan mata kepala mereka sendiri, para hawari Yesus masih tidak dapat mempercayaiNya dengan sepenuhnya. Mereka mendapat keimanan sebenar hanya apabila mereka menyaksikan kebangkitan semula Yesus Kristus. Selepas itu, mereka mengabdikan hidup mereka kepada kerajaan Tuhan dan penyebaran dakwah. Seperti itu juga, hawari Paulus tahu tentang dunia roh dan dia melengkapkan tugasnya dengan sempurna semasa hayatnya.

Adakah cara untuk kita merasai dan memahami dunia roh yang misteri, seperti Paulus? Sudah tentu! Pertama sekali, kita perlu mempunyai keinginan untuk dunia roh. Keinginan yang membara ini adalah bukti bahawa kita mengakui dan mengasihi Tuhan yang merupakan roh.

Dunia Roh Yang Tiada Sempadan Seperti Yang Diceritakan Dalam Alkitab

Dalam Alkitab kita akan dapati banyak catatan tentang dunia roh dan pengalaman rohani. Adam diciptakan sebagai makhluk hidup, yang merupakan roh hidup, dan dia dapat berkomunikasi dengan Tuhan. Selepas itu pun, ada ramai nabi yang berkomunikasi dengan Tuhan dan kadang kala mendengar suara Tuhan secara terus (Kejadian 5:22, 9:9-13; Keluaran 20:1-17; Bilangan 12:8). Kadang kala, malaikat muncul di hadapan manusia untuk menyampaikan mesej Tuhan. Ada rekod tentang empat makhluk hidup (Yehezkiel 1:4-14), kerubin (2 Samuel 6:2; Yehezkiel 10:1-6), kuda berapi dan pedati berapi (2 Raja-raja 2:11, 6:17), yang termasuk dalam dunia roh.

Laut Merah terbahagi dua. Air keluar daripada rekahan batu, dilakukan oleh pesuruh Tuhan iaitu Musa. Matahari dan bulan berhenti dan tidak bergerak disebabkan doa Yosua. Elia berdoa kepada Tuhan an membawa turun api daripada syurga. Selepas menyelesaikan tugasnya di dunia, Elia diangkat ke Syurga dalam ribut. Ini adalah beberapa contoh di mana dunia roh termasuk ke dalam dunia fizikal.

Selain itu, dalam 2 Raja-raja 6, apabila tentera Aram datang untuk menangkap Elisa, mata rohani hambanya Gehazi terbuka dan dia menyaksikan sekumpulan kuda api dan pedati api yang mengelilingi Elisa untuk melindunginya. Daniel telah dihumban ke dalam kandang singa atas rancangan menterinya sendiri, tetapi dia langsung tidak dicederakan kerana Tuhan telah menghantar malaikatNya untuk menutup mulut singa. Ketiga-tiga kawan Daniel yang ingkar arahan raja untuk mengekalkan keimanan mereka, dihumban ke dalam relau api yang tujuh kali lebih panas daripada biasa. Tetapi sehelai rambut mereka pun tidak terbakar.

Anak Tuhan, Yesus, juga mempunyai tubuh fizikal apabila Dia datang ke dunia ini, tetapi Dia menunjukkan perkara dari dunia roh yang tiada sempadan, dan tidak terikat dengan kekangan ruang fizikal. Dia menghidupkan semula orang mati, menyembuhkan pelbagai jenis penyakit dan berjalan di atas air. Selain itu, selepas dibangkitkan semula, Dia muncul dengan tiba-tiba di hadapan dua orang hawarinya yang dalam perjalanan ke Emmaus (Lukas 24:13-16), dan Dia berjalan menembusi dinding dna muncul dalam rumah para hawari yang takut dengan orang Yahudi dan menyembunyikan diri di rumah (Yohanes 20:19).

Ini adalah teleportasi, dan menjangkaui ruang fizikal. Ia memberitahu kita bahawa dunia roh menjangkaui had masa dan ruang. Ada ruang roh selain daripada ruang fizikal yang dapat dilihat dengan mata, dan Dia bergerak dalam ruang roh ini untuk muncul di lokasi dan masa yang Dia mahukan.

Anak-anak Tuhan yang mempunyai kewarganegaraan Syurga mesti mempunyai keinginan untuk perkara rohani. Tuhan membenarkan manusia yang mempunyai keinginan ini untuk mengalami dunia roh, seperti yang dinyatakanNya dalam Yeremia 29:13, "Apabila kamu mencari Aku, kamu akan menemukan Aku; apabila kamu menanyakan Aku dengan segenap hati."

Kita dapat masuk ke dalam roh dan Tuhan boleh membuka mata rohani apabila kita menyingkirkan rangka kerja perasaan sentiasa betul, konsep diri dan mementingkan diri, selain mempunyai keinginan untuk dunia roh.

Hawari Yohanes adalah salah seorang daripada 12 hawari Yesus (Wahyu 1:1-9). Pada tahun 95 M, dia ditangkap oleh

Domitianus, Maharaja Rom dan dihumban ke dalam periuk berisi minyak mendidih. Dia tidak mati tetapi dibuang negerike Pulau Patmos di Laut Aegean. Dia menulis buku Wahyu di sana.

Untuk mendapatkan wahyu yang lebih mendalam, Yohanes perlu mempunyai kelayakan. Kelayakan ini adalah dia perlu menjadi suci tanpa mempunyai apa jua bentuk kejahatan dan mempunyai hati Yesus. Dia dapat menuliskan rahsia tersembunyi dan wahyu Syurga dengan inspirasi Roh Kudus melalui doa yang khusyuk yang dilakukan dengan hati yang benar-benar bersih dan suci.

Syurga Dan Neraka Pasti Wujud

Dalam dunia roh wujud Syurga dan Neraka. Sejurus selepas saya menubuhkan Gereja Manmin, Tuhan pernah menunjukkan Syurga dan Neraka kepada saya semasa saya sedang berdoa. Keindahan dan kegembiraan yang dirasakan di Syurga tidak dapat digambarkan atau dinyatakan dengan kata-kata.

Pada zaman Perjanjian Baru, orang yang menerima Yesus sebagai Penyelamat peribadi mereka, menerima keampunan atas dosa mereka serta penyelamatan. Mereka pada mulanya akan pergi ke Kubur Atasan selepas kehidupan mereka di dunia telah berakhir. Mereka akan tinggal di sana selama tiga hari untuk menyesuaikan diri dengan dunia roh, dan kemudian mereka akan berpindah ke tempat menunggu di Firdaus di kerajaan Tuhan. Bapa keimanan, Ibrahim, bertanggungjawab terhadap Kubur Atasan sehingga Yesus diangkat kali kedua, dan ini sebabnya kita dapati ada tertulis dalam Alkitab bahawa Lazarus berada 'dalam dakapan Ibrahim'.

Yesus menyebarkan dakwah kepada jiwa di Kubur Atasan selepas Dia menghembuskan nafas terakhir di atas salib (1 Petrus 3:19). Selepas Yesus berdakwah di Kubur Atasan, Dia membangkitkan semula dan membawa semua jiwa di sana ke Firdaus. Selepas itu, semua jiwa yang diselamatkan akan berada di tempat menunggu di Syurga yang terletak di pinggir Firdaus. Selepas Penghakiman Agung Arasy Putih, mereka akan pergi ke ruah masing-masing di syurga bergantung kepada ukuran keimanan mereka, dan tinggal di sana selama-lamanya.

Semasa Penghakiman Agung Arasy Putih, yang akan diadakan selepas persiapan manusia telah berakhir, Tuhan akan menghakimi amalan setiap manusia yang lahir sejak penciptaan, sama ada baik atau jahat. Ia dinamakan Penghakiman Agung Arasy Putih kerana arasy penghakiman Tuhan amat terang dan bercahaya sehingga ia kelihatan putih (Wahyu 20:11).

Penghakiman agung ini akan dijalankan selepas kedatangan Yesus yang kedua di udara dan ke Dunia, dan selepas Kerajaan Milenium berakhir. Bagi jiwa yang diselamatkan, ia adalah penghakiman untuk memberikan ganjaran, dan bagi orang yang tidak diselamatkan, ia adalah penghakiman untuk hukuman.

Kehidupan Selepas Mati Bagi Jiwa Yang Tidak Diselamatkan

Orang yang tidak menerima Yesus dan orang yang telah

menyatakan keimanan mereka kepadaNya tetapi tidak diselamatkan akan dibawa oleh dua pesuruh Neraka selepas kematian mereka. Mereka akan berada di suatu tempat seperti lubang besar selama tiga hari untuk bersedia untuk tinggal di Kubur Bawahan. Hanya kesakitan yang amat dahsyat menanti mereka. Selepas tiga hari, mereka akan dipindahkan ke Kubur Bawahan, di mana mereka akan menerima hukuman masing-masing bergantung kepada dosa mereka. Kubur Bawahan yang termasuk dalam Neraka adalah seluas Syurga, dan ada pelbagai tempat untuk menempatkan jiwa yang tidak diselamatkan.

Sehingga sebelum Penghakiman Agung Arasy Putih berlaku, jiwa ini berada di Kubur Bawahan dan menerima pelbagai jenis hukuman. Hukuman tersebut termasuklah disiat oleh serangga atau haiwan, atau didera oleh pesuruh Neraka. Selepas Penghakiman Agung Arasy Putih, mereka akan pergi ke sama ada tasik api atau tasik batu belerang (juga dinamakan tasik sulfur terbakar) dan menerima penderitaan selama-lamanya (Wahyu 21:8).

Hukuman dalam tasik api atau sulfur terbakar idak dapat dibandingkan lebih sakit berbanding hukuman di Kubur Bawahan. Api dalam Neraka amat panas sekali. Tasik sulfur tujuh kali lebih panas berbanding tasik api. Ia adalah untuk orang yang melakukan dosa yang tidak dapat diampunkan seperti hujat dan menentang Roh Kudus.

Tuhan pernah menunjukkan kepada saya tasik api dan tasik

sulfur. Tempat ini tidak berpenghujung dan dipenuhi sesuatu yang seperti wap yang meruap dari kolam air panas, dan manusia yang ada di sana tidak dapat dilihat dengan jelas. Ada yang kelihatan dari dada sahaja, dan ada yang direndam di dalam tasik sehingga ke paras leher. Dalam tasik api, mereka meronta dan menjerit, tetapi di tasik sulfur, keadaan sangat panas sehingga mereka tidak meronta langsung. Kita patut percaya bahawa dunia ghaib ini benar wujud dan hidup berpandukan Firman Tuhan supaya kita akan pasti menerima penyelamatan.

Seperti Kemuliaan Matahari Dan Bulan Yang Berbeza

Menerangkan tentang tubuh kita selepas dibangkitkan semula, hawari Paulus berkata, "Keindahan matahari lain daripada keindahan bulan. Bintang-bintang pun mempunyai keindahannya sendiri. Malah bintang-bintang itu masing-masing berlainan pula keindahannya" (1 Korintus 15:41).

Keindahan matahari merujuk kepada kemuliaan yang diberikan kepada orang yang menyingkirkan dosa dengan sepenuhnya, menjadi suci dan setia dalam smeua rumah Tuhan di dunia. Keindahan matahari merujuk kepada kemuliaan yang diberikan kepada orang yang menyingkirkan dosa dengan sepenuhnya, menjadi suci dan setia dalam semua rumah Tuhan di dunia. Keindahan bintang diberikan kepada manusia yang mencapai kurang daripada keindahan bulan. Seperti bintang-bintang yang berbeza keindahannya, semua orang akan menerima kemuliaan dan ganjaran berbeza, walaupun setiap seorang boleh masuk ke tahap tempat tinggal yang sama di Syurga.

Alkitab memberitahu kita bahawa kita akan menerima kemuliaan yang berbeza di Syurga. Tempat tinggal di syurga dan kemuliaan yang diberikan akan ditentukan berdasarkan betapa banyak kita menyingkirkan dosa, sejauh mana kita mempunyai keimanan rohani dan betapa setianya kita berkhidmat untuk kerajaan Tuhan.

Kerajaan Syurga mempunyai banyak tempat tinggal yang diberikan kepada setiap orang menurut ukuran keimanan masing-masing. Firdaus diberikan kepada orang yang mempunyai ukuran keimanan paling rendah. Kerajaan Pertama Syurga adalah lebih tinggi tahapnya berbanding Firdaus, dan Kerajaan Kedua Syurga pula lebih tinggi daripada yang Pertama, dan Kerajaan Ketiga Syurga lebih baik daripada yang Kedua. Dalam Kerajaan Ketiga Syurga terletak bandar Baitulmuqaddis Baru di mana adanya arasy Tuhan.

Syurga Tidak Dapat Dibandingkan Dengan Taman Syurgawi

Taman Syurgawi adalah tempat yang sangat indah dan menyenangkan, sehinggakan tempat paling indah di Dunia tidak dapat menandinginya, tetapi Taman Syurgawi tidak dapat dibandingkan dengan kerajaan syurgawi. Kegembiraan yang dirasai di Taman Syurgawi dan yang dirasai dalam kerajaan syurgawi adalah berbeza kerana Taman Syurgawi berada dalam syurga kedua manakala kerajaan syurgawi berada dalam syurga ketiga. Ini juga kerana manusia yang tinggal dalam Taman Syurgawi bukanlah anak sejati Tuhan yang telah melalui proses persiapan manusia.

Katakanlah kehidupan dunia adalah kehidupan dalam kegelapan tanp sebarang cahaya. Kehidupan dalam Taman Syurgawi adalah seperti hidup dengan lampu sumbu, dan kehidupan dalam Syurga adalah seperti hidup dalam cahaya lampu elektrik yang terang. Sebelum mentol lampu dicipta, manusia menggunakan lampu sumbu, yang agak malap. Namun ini masih sesuatu yang berharga. Apabila manusia pertama kali melihat cahaya daripada elektrik, mereka amat kagum.

Telah dinyatakan tadi bahawa tempat tinggal yang berbeza di syurga akan diberikan menurut ukuran keimanan dan hati roh yang mereka semai semasa hidup di dunia. Dan, setiap tempat tinggal di syurga adalah berbeza dari segi kemuliaan dan kegembiraan. Jika kita melepasi tahap kesucian iaitu setia dalam semua rumah Tuhan dan menjadi manusia roh sepenuhnya, kita akan layak masuk ke bandar Baitulmuqaddis Baru, di mana terletaknya arasy Tuhan.

Baitulmuqaddis Baru, Hadiah Terbaik yang Diberikan Kepada Anak-Anak Sejati

Seperti yang dinyatakan oleh Yesus dalam Yohanes 14:2, "Di rumah Bapa-Ku banyak tempat tinggal," sebenarnya ada banyak tempat tinggal di Syurga. Di sini terletak bandar Baitulmuqaddis Baru yang menempatkan arasy Tuhan, dan ada juga Firdaus, iaitu tempat tinggal orang yang menerima penyelamatan sipi-sipi.

Bandar Baitulmuqaddis Baru yang juga dinamakan 'Bandar

Kemuliaan', ialah tempat paling indah di kalangan tempat tinggal syurga. Tuhan mahukan semua orang untuk bukan sahaja mendapat penyelamatan tetapi dapat masuk ke bandar ini (1 Timotius 2:4).

Seorang petani tidak akan hanya mendapat gandum berkualiti tinggi di ladangnya. Sama juga, bukan semua orang yang mengalami persiapan manusia akan maju sebagai anak Tuhan yang sejati yang masuk ke dalam roh sepenuhnya. Jadi, bagi manusia yang tidak layak untuk masuk ke bandar Baitulmuqaddis Baru, Tuhan telah menyediakan banyak tempat tinggal lain bermula dari Firdaus sehingga Kerajaan Pertama, Kedua dan Ketiga.

Firdaus dan Baitulmuqaddis Baru amat berbeza, sama seperti sebuah pondok dan sebuah istana diraja mempunyai perbezaannya. Seperti ibu bapa yang mahu memberikan anak-anak mereka segala-galanya yang terbaik, Tuhan mahukan kita menjadi anakNya yang sejati dan berkongsi semua perkara denganNya di Baitulmuqaddis Baru.

Kasih sayang Tuhan tidak terhad kepada sekumpulan orang tertentu sahaja. Ia diberikan kepada semua orang yang menerima Yesus Kristus. Tetapi tempat tinggal dan ganjaran, serta ukuran kasih sayang Tuhan akan berbeza bergantung kepada ukuran kesucian dan kesetiaan seseorang.

Manusia yang masuk ke Firdaus, Kerajaan Pertama Syurga, atau Kerajaan Kedua Syurga, tidak menyingkirkan badaniah secara sepenuhnya, dan mereka bukanlah anak sejati Tuhan.

Sama seperti anak kecil yang tidak benar-benar memahami ibu bapa mereka, sukar untuk manusia ini memahami hati Tuhan. Oleh itu, demi kasih sayang dna keadilan Tuhan, Dia telah menyediakan tempat tinggal berbeza bagi setiap orang menurut ukuran keimanan masing-masing. Kita tentu suka bergaul dengan kawan-kawan yang sebaya. Di syurga, lebih seronok dan selesa jika penduduknya hidup bersama-sama orang yang mempunyai tahap keimanan yang sama.

Bandar Baitulmuqaddis Baru juga adalah bukti bahawa Tuhan telah mendapat buah yang sempurna melalui persiapan manusia. 12 batu asas bandar membuktikan bahawa hati anak-anak sejati Tuhan yang masuk ke dalam bandar adalah sama indah seperti batu berharga tersebut. Pagar mutiara membuktikan bahawa anak-anak yang melalui pagar ini telah menyemai ketahanan sama seperti cangkerang menghasilkan mutiara dengan ketahanannya.

Apabila mereka melalui pagar mutiara, mereka diingatkan tentang masa kesabaran dan ketekunan mereka untuk masuk ke Syurga. Apabila mereka berjalan di atas jalan emas, mereka mengingati jalan keimanan yang mereka tempuhi di dunia. Saiz dan perhiasan di dalam rumah yang diberikan kepada setiap orang akan mengingatkan mereka tentang betapa mereka mengasihi Tuhan dan bagaimana mereka memberikan kemuliaan kepada Tuhan dengan keimanan mereka.

Orang yang dapat masuk ke bandar Baitulmuqaddis Baru akan dapat melihat Tuhan secara bersemuka kerana mereka telah menyemai hati sesuci dan seindah kristal, dan menjadi anak Tuhan yang sejati. Mereka juga aan dilayan oleh ramai malaikat dan hidup dalam kegembiraan yang berpanjangan. Ia merupakan tempat yang amat menggembirakan dan suci, dan tidak dapat dibayangkan oleh manusia.

Seperti ada banyak jenis buku, di Syurga juga ada banyak jenis buku. Ada buku kehidupan yang menulis nama orang yang diselamatkan. Ada juga buku peringatan, yang menulis tentang perkara yang dapat diingati selama-lamanya. Ia berwarna emas dan mempunyai corak diraja pada muka hadapan, jadi kita dapat mengenali buku ini sebagai buku yang penting. Ia merakamkan dengan terperinci tentang amalan semua orang dalam semua situasi, dan bahagian yang penting akan dirakamkan dalam video.

Contohnya, ia merakamkan peristiwa seperti Ibrahim memberikan anak lelakinya Ishak sebagai korban bakar; Elia membawa api turun dari syurga; Daniel yang dilindungi dalam kandang singa; tiga orang kawan Daniel yang tidak terbakar dalam relau untuk memberi kemuliaan kepada Tuhan. Tuhan memilih hari penting dan tertentu untuk membuka sebahagian daripada buku dan memperkenalkan kandungan kepada orang lain. Anak-anak Tuhan mendengar dengan gembira dan memberikan kemuliaan kepadaNya dengan puji-pujian.

Dalam bandar Baitulmuqaddis Baru juga, banyak jamuan akan diadakan, termasuklah jamuan yang dianjurkan oleh Tuhan Bapa. Ada jamuan yang dianjurkan oleh Yesus, Roh Kudus, dan juga nabi seperti Elia, Ibrahim, Musa dan hawari Paulus. Kita boleh menjemput saudara lain untuk menganjurkan jamuan. Jamuan adalah salah satu daripada kegembiraan kehidupan di syurga. Ia adalah tempat untuk melihat dan menikmati kemakmuran, kebebasan, keindahan dan kemuliaan Syurga pada sekilas pandang.

Di dunia ini pun, manusia berhias dengan cantik dan bergembira dalam jamuan besar. Hal ini sama juga dengan Syurga. Dalam jamuan di Syurga, malaikat mempersembahkan nyanyian, tarian dan muzik. Anak-anak Tuhan boleh menyanyi dan menari mengikut lagu. Tempat ini dipenuhi tarian dan nyanyian indah, serta bunyi ketawa gembira. Mereka boleh berbual dengan gembira bersama saudara seagama dan duduk semeja, atau mereka boleh bertemu dengan bapa keimanan yang mereka telah lama ingin temui.

Jika mereka dijemput ke jamuan yang dianjurkan oleh Yesus, mereka akan menghiaskan diri secantik mungkin sebagai pengantin perempuan Tuhan. Yesus adalah pengantin lelaki rohani kita. Apabila pengantin perempuan Yesus tiba di hadapan istanaNya, dua malaikat akan menyambut kedatangan mereka di pintu masuk yang dilimpahi cahaya keemasan.

Dinding istana dihias dengan pelbagai batu berharga. Bahagian atas dinding dihias dengan bunga cantik, dan bunga ini mengeluarkan aroma lembut untuk pengantin perempuan Yesus yang baru tiba. Apabila mereka masuk ke dalam istana, mereka akan mendengar bunyi muzik yang menyentuh lubuk hati roh mereka. Mereka merasakan kegembiraan dan ketenangan dengan bunyi puji-pujian, dan tersentuh dengan kesyukuran, memikirkan kasih sayang Tuhan yang memimpin mereka ke tempat ini.

Apabila mereka berjalan di aras jalan emas ke bangunan utama istana Yesus, mereka dipimpin oleh malaikat dan hati mereka berdebar-debar. Apabila mereka mendekati bangunan utama, mereka dapat melihat Yesus yang keluar untuk menyambut mereka. Mata mereka akan berkaca, dan kini mereka berlari ke arah Yesus kerana mereka ingin bertemu denganNya secepat mungkin.

Yesus memeluk mereka seorang demi seorang dan wajahNya dipenuhi kasih sayang dan belas ihsan, dengan tanganNya terbuka luas. Dia mengalu-alukan mereka dengan berkata, "Marilah! PengantinKu yang cantik! Selamat datang!" Penganut yang disambut dengan mesra akan mengucapkan kesyukuran kepadaNya sepenuh hati mereka dengan berkata, "Terima kasih kerana menjemput saya!" Seperti orang yang berkongsi kasih sayang, mereka berjalan berpegangan tangan dengan Yesus sambil memerhatikan sekeliling, dan berbual denganNya seperti yang mereka impikan di dunia.

Kehidupan dalam bandar Baitulmuqaddis Baru, hidup dengan Tuhan, yang dipenuhi dengan kasih sayang, kegembiraan dan keseronokan. Kita dapat melihat wajah Yesus secara berdepan, memelukNya, berjalan denganNya, dan menikmati banyak perkara denganNya! Hidup yang sangat menggembirakan! Untuk menikmati kegembiraan ini, kita perlu menjadi suci dan mencapai roh , dan seterusnya roh terasuh yang menyerupai hati Yesus sepenuhnya.

Oleh itu, marilah kita dengan segera mencapai roh terasuh dengan harapan ini, menerima rahmat bagi semua perkara baik yang berlaku dan hidup sihat apabila jiwa kita makmur, dan seterusnya pergi sedekat yang mungkin ke arasy Tuhan dalam bandar suci Baitulmuqaddis Baru.

Penulis:
Dr. Jaerock Lee

Dr. Jaerock Lee dilahirkan di Muan, Wilayah Jeonnam, Republik Korea, pada tahun 1943. Dalam usia 20-an, Dr. Lee menderitai pelbagai penyakit yang tidak dapat disembuhkan selama tujuh tahun dan menunggu kematian tanpa harapan untuk sembuh. Suatu hari dalam musim bunga tahun 1974, beliau dibawa ke sebuah gereja oleh kakaknya dan apabila beliau melutut untuk berdoa, Tuhan yang Maha Hidup menyembuhkan semua penyakitnya dengan serta-merta.

Sejak Dr. Lee bertemu Tuhan yang Maha Hidup melalui pengalaman menakjubkan ini, beliau mencintai Tuhan dengan sepenuh hati dan keikhlasan, dan pada tahun 1978, beliau telah terpanggil untuk menjadi hamba Tuhan. Beliau berdoa dengan khusyuk dan berpuasa supaya dapat memahami dengan jelas kehendak Tuhan, dan mencapai tahap ini serta mematuhi semua Firman Tuhan. Pada tahun 1982, beliau mengasaskan Gereja Besar Manmin di Seoul, Korea, dan menjalankan banyak kerja Tuhan, termasuklah penyembuhan dan mukjizat, semuanya berlaku di gereja ini.

Pada 1986, Dr. Lee telah ditahbiskan sebagai paderi pada Perhimpunan Tahunan Yesus Gereja Sungkyul di Korea, dan empat tahun selepas itu, pada tahun 1990, khutbahnya mula disiarkan di Australia, Rusia dan Filipina. Dalam masa yang singkat lebih banyak negara dapat dicapai melalui Far East Broadcasting Company, Asia Broadcast Station, dan Washington Christian Radio System.

Tiga tahun selepas itu, pada tahun 1993, Gereja Besar Manmin telah dipilih sebagai "50 Gereja Teratas Dunia" oleh majalah Christian World (AS) dan beliau menerima Ijazah Kedoktoran Kehormat Kesucian dari Kolej Keimanan Kristian, Florida, AS, dan PhD pada tahun 1996 dalam bidang Penyebaran Agama, oleh Seminari Teologi Kingsway, Iowa, AS.

Sejak 1993, Dr. Lee telah menerajui misi dunia melalui banyak perjuangan ke luar negara seperti ke Tanzania, Argentina, L.A., Baltimore, Hawaii, dan New York di AS, Uganda, Jepun, Pakistan, Kenya, Filipina, Honduras, India, Rusia, Jerman, Peru, Republik Demokratik Congo, dan Israel dan Estonia.

Pada tahun 2002, beliau diakui sebagai "tokoh kebangkitan sedunia" atas dakwahnya yang berkesan dalam banyak misi mubaligh antarabangsa, oleh akhbar Kristian utama di Korea. Yang diberi tumpuan ialah 'Perhimpunan New York 2006' yang diadakan di Madison Square Garden, arena paling terkenal di dunia. Acara ini disiarkan ke 220 negara, dan dalam 'Perhimpunan Bersatu Israel 2009', yang diadakan di Pusat Konvensyen Antarabangsa (ICC) di Jerusalem, beliau dengan berani mengakui bahawa Yesus Kristus ialah Al-Masih dan Penyelamat.

Khutbahnya disiarkan ke 176 negara melalui satelit termasuklah GCN TV dan beliau disenaraikan sebagai '10 Pemimpin Kristian Paling Berpengaruh Dunia' 2009 dan 2010 oleh majalah Kristian popular Rusia In Victory dan agensi berita Christian Telegraph, atas dakwah siaran TV beliau yang berkuasa dan dakwah paderi gereja luar negara yang berkesan.

Setakat bulan September 2013, Gereja Besar Manmin mempunyai ahli seramai 120,000 orang. Terdapat 10,000 cawangan gereja di dalam dan luar negara di seluruh dunia termasuk 56 cawangan gereja tempatan, dan setakat ini lebih 129 misi mubaligh telah dihantar ke 23 negara, termasuklah Amerika Syarikat, Rusia, Jerman, Kanada, Jepun, China, Perancis, India, Kenya dan banyak lagi.

Pada tarikh buku ini diterbitkan, Dr. Lee telah menulis 85 buah buku, termasuklah yang mendapat sambutan hangat seperti Tasting Eternal Life Before Death, My Life My Faith I & II, The Message of the Cross, The Measure of Faith, Heaven I & II, Hell, Awaken, Israel! dan The Power of God. Hasil kerjanya telah diterjemahkan ke lebih 75 bahasa.

Penulisan kolumnya diterbitkan dalam The Hankook Ilbo, The JoongAng Daily, The Chosun Ilbo, The Dong-A Ilbo, The Munhwa Ilbo, The Seoul Shinmun, The Kyunghyang Shinmun, The Korea Economic Daily, The Korea Herald, The Shisa News, dan The Christian Press.

Dr. Lee kini merupakan pemimpin banyak organisasi dan persatuan Kristian. Kedudukan ini termasuklah: Pengerusi, Gereja Penyatuan Suci Yesus Kristus; Presiden, Misi Dunia Manmin; Presiden Tetap, Persatuan Misi Kebangkitan Kristian Dunia; Pengasas & Pengerusi Lembaga, Global Christian Network (GCN); Pengasas & Pengerusi Lembaga, Jaringan Doktor Kristian Sedunia (WCDN); dan Pengasas & Pengerusi Lembaga, Seminari Antarabangsa Manmin (MIS).

Buku-buku lain yang hebat dari penulis yang sama

Syurga I & II

Jemputan ke Bandar Suci Yerusalem Baru, yang mana 12 pintu pagarnya diperbuat daripada mutiara yang bergemerlapan, di tengah-tengah Syurga yang luas dan bersinar seperti permata berharga.

Tujuh Gereja

Mesej Tuhan untuk membangkitkan orang Kristian dan gereja daripada tidur rohani, yang dihantar ke tujuh gereja yang dicatatkan dalam Wahyu bab 2 dan 3, yang merujuk kepada semua gereja Tuhan

Neraka

Mesej kepada semua manusia daripada Tuhan, yang tidak mahu walau satu jiwa pun masuk ke Neraka! Anda akan mengetahui perkara yang tidak pernah diterangkan di mana-mana sebelum ini tentang penderitaan di Neraka.

Hidup Saya Iman Saya I & II

Aroma kerohanian paling harum yang diambil daripada kehidupan yang mencintai Tuhan, di tengah-tengah gelombang gelap, cabaran dan penderitaan hebat.

Ukuran Iman

Apakah tempat tinggal, mahkota dan ganjaran yang disediakan untuk anda di syurga? Buku ini memberikan kebijaksanaan dan bimbingan untuk anda mengukur tahap iman dan memupuk iman yang terbaik dan matang.

www.urimbooks.com

www.ingramcontent.com/pod-product-compliance
Lightning Source LLC
LaVergne TN
LVHW021807060526
838201LV00058B/3267